국민연금공단

필기시험 모의고사

[6급갑 사무직]

정답 및 해설

SEOWONGAK

(주)서원각

제1회 정답 및 해설

✎ 직업기초능력평가

1 ①

'완수'가 들어가서 의미를 해치지 않는 문장은 없다. 빈칸을 완성하는 가장 적절한 단어들은 다음과 같다.
- (가), (마) 대처
- (나), (다) 수행
- (라) 대행
- (바) 대비

2 ④

법정대시인→법정대리인
재란법인→재단법인
정부투기기관→정부투자기관
체유하는→체류하는

3 ③

③ 서류전형과 최종합격자 발표는 합격자에게만 개별 유선통보가 되는 것이므로 연락이 없을 경우 합격하지 못한 것으로 판단할 수 있다. 일반적으로 채용 공고문에서는 합격자 발표 방법으로 개별 통보 또는 홈페이지에서 확인 등을 제시하고 있으므로 반드시 이를 숙지할 필요가 있다.
① 접수 가능 시간과 근로자 근무시간대는 동일하게 09:00 ~18:00이다.
② 접수방법은 이메일이라고 언급하고 있으며, 자격증은 해당자만 제출하면 된다.
④ 계약기간은 6개월이며 '최소 계약기간은 보장함'이라고 언급되어 있으므로 모든 최종합격자는 최소 6개월 이상 근무하게 된다. 또한, 최초 6개월 이후 근무성적평정 결과에 따라 연장 가능하다는 언급에 따라 2년 이상 근무도 가능하다. '최대 2년 미만'이라는 것은 1회 계약 시 설정할 수 있는 계약기간을 의미하므로 연장될 경우 근무 기간은 2년을 넘을 수 있게 된다.

4 ④

④ 절약은 소비를 줄이는 행동이지만 이를 통해 원자로 1기를 덜 지어도 동일한 생산 효과를 얻을 수 있다는 말이다.
① 절약을 통해 생산이 감소한다는 것은 단순하게 이해한 것으로, 절약을 통해 불필요한 생산을 막을 수 있다는 의미가 드러나지 않았다.
② 절약으로 전력 사용량을 감소시킬 수 있다.
③ 절약을 통해 불필요한 생산을 막을 수 있기 때문에 생산과 관련이 있다.

5 ④

④ 글쓴이는 우리가 처해진 문제 상황을 제시하고 이 속에서 에너지의 절약은 선택 사항이 아니라 반드시 해야 하는 필수임을 강조하고 있다.

6 ①

주식, 채권은 직접 금융 시장에서 자금을 조달하며, 주식은 수익성이 높으며, 저축과 채권은 주식보다는 안정성이 높다.

7 ④

홍수량 배제능력이 부족한 저수지 등의 주요시설 복구는 개선복구를 원칙으로 한다.

8 ④

고객은 많은 문제를 풀어보기를 원하므로 우선적으로 예상문제의 수가 많은 것을 찾아야 한다.

9 ③

고객의 요구인 20,000원 가격선과 예상문제의 수가 많은 도서는 문제완성이 된다.

10 ③

㉠㉡을 통해 노인인구 증가에 대한 문제제기를 제기하고,
㉢을 통해 노인 복지 정책의 바람직한 방향을 금전적인
복지보다는 경제적인 독립, 즉 일자리 창출 등으로 잡아
야 한다고 논지를 전개해야 한다.

11 ①

(가), (다), (바) – 발생형 문제
(나) – 탐색형 문제
(라) – 설정형 문제
※ 문제의 유형
  ㉠ **발생형 문제(보이는 문제)** : 우리 눈앞에 발생되어
  당장 걱정하고 해결하기 위해 고민하는 문제를 의
  미한다.
  ㉡ **탐색형 문제(찾는 문제)** : 더 잘해야 하는 문제로
  현재의 상황을 개선하거나 효율을 높이기 위한 문
  제를 의미한다.
  ㉢ **설정형 문제(미래 문제)** : 미래상황에 대응하는 장
  래의 경영전략의 문제로 앞으로 어떻게 할 것인가
  하는 문제를 의미한다.

12 ④

문제해결의 5단계 절차는 문제 인식→문제 도출→원인
분석→해결안 개발→실행 및 평가의 과정으로 진행된다.

13 ①

만약 *A*가 범인이라고 가정한다면

	A	*B*	*C*
첫 번째 진술	×	×	○
두 번째 진술			×
세 번째 진술			×

*C*의 두 번째와 세 번째 진술은 거짓이므로 *A*와 *C*는 만
나 적이 있다.
그러면 *A*의 세 번째 진술은 참이 되고 *A*의 두 번째 진
술과 *B*의 세 번째 진술은 거짓이 된다.
이 경우 *B*의 첫 번째 진술과 세 번째 진술이 거짓이므
로 두 번째 진술은 참이 되어야 하는데 *C*이 두 번째 진
술과 상충되므로 가정을 한 *A*는 범인이 아니다.
*C*가 범인이라고 가정을 하면 *A*-㉢, *B*-㉡, *C*-㉡이 진
실일 때 모순이 없다.

14 ②

〈보기〉의 내용을 문제에 더해서 생각하면 '*C*는 변호사이
다.'를 참으로 가정하면

	교사	변호사	의사	경찰	
A	×	×	×	○	경찰
B	○	×	×	×	교사
C	×	○	×	×	변호사
D	×	×	○	×	의사

이렇게 되나, '① *A*는 교사와 만났지만, *D*와는 만나지
않았다.'와 '④ *D*는 경찰과 만났다.'는 모순이 된다. 그러
므로 ㉠ *C*는 변호사이다 → 거짓
㉡ 명제를 참이라고 가정하면 의사와 경찰은 만났으므로
B, *C*는 둘 다 의사와 경찰이 아니다. *D*는 경찰이
아니므로 *A*가 경찰, *D*가 의사가 된다. 그러나 ①에
서 *A*와 *D*는 만나지 않았다고 했으므로 ④에서 만났
다고 해도 모순이 된다.
그러므로 ㉠과 ㉡은 모두 거짓이다.

15 ②

각 조건의 대우는 다음과 같다.
• 영어를 잘하는 사람은 수학도 잘한다.
• 미술을 잘하는 사람은 국어도 잘한다.
• 미술을 못하는 사람은 영어도 못한다.
주어진 세 번째 조건과, 두 번째 조건의 대우를 연결하면
'영어를 잘하는 사람은 미술을 잘하고, 미술을 잘하는 사
람은 국어도 잘한다'가 되므로 B는 옳다. A는 알 수 없다.

16 ①

세 사람은 모두 각기 다른 동에 사무실이 있으며, 어제
갔던 식당도 서로 겹치지 않는다.
• 세 번째 조건 후단에서 갑동이와 을순이는 어제 11동
  식당에 가지 않았다고 하였으므로, 어제 11동 식당에
  간 것은 병호이다. 따라서 병호는 12동에 근무하며 11
  동 식당에 갔었다.
• 네 번째 조건에 따라 을순이는 11동에 근무하므로, 남
  은 갑동이는 10동에 근무한다.
• 두 번째 조건 전단에 따라 을순이가 10동 식당에, 갑동
  이가 12동 식당을 간 것이 된다.
따라서 을순이는 11동에 사무실이 있으며, 어제 갔던 식
당은 10동에 위치해 있다.

17 ②

- 화, 수, 목 중에 실시해야 하는 금연교육을 4회 실시하기 위해서는 반드시 화요일에 해야 한다.
- 금주교육이 월요일과 금요일을 제외한 다른 요일에 시행하므로 10일 이전, 같은 주에 이틀 연속으로 성교육을 실시할 수 있는 날짜는 4~5일뿐이다.
- 상황과 조건에 따라 A대학교 보건소의 교육 일정을 정리해 보면 다음과 같다.

월	화	수	목	금	토	일
1	금연 2	3	성 4	성 5	X 6	X 7
8	금연 9	10	11	12	X 13	X 14
15	금연 16	17	18	19	X 20	X 21
중 22	간 23	고 24	사 25	주 26	X 27	X 28
29	금연 30					

- 금주교육은 (3, 10, 17), (3, 10, 18), (3, 11, 17), (3, 11, 18) 중 실시할 수 있다.

18 ④

반장은 머리가 좋다. 또는 반장은 얼굴이 예쁘다(ⓒ 또는 ⓔ).
머리가 좋거나 얼굴이 예쁘면 반에서 인기가 많다(ⓜ).
∴ 반장은 반에서 인기가 많다.
※ ⓗ의 경우 머리도 좋고 얼굴도 예뻐야 반에서 인기가 많다는 의미이므로 주어진 진술이 반드시 참이 되지 않는다.

19 ③

- ⓒ 팀장님이 월요일에 월차를 쓴다고 하였다. → 월요일은 안 된다.
- ⓔ 실장님이 김 대리에게 우선권을 주어 월차를 쓸 수 있는 요일이 수, 목, 금이 되었다. → 월차를 쓸 수 있는 날이 수, 목, 금이라는 말은 화요일이 공휴일임을 알 수 있다.
- ⓜ 김 대리는 5일에 붙여서 월차를 쓰기로 하였다.

그럼 여기서 공휴일에 붙여서 월차를 쓰기로 했으므로 화요일이 공휴일이므로 수요일에 월차를 쓰게 된다.

20 ③

A는 1호선을 이용하지 않았으므로 4호선을 탔다. 그러면 D는 1호선을 이용하였고, B도 1호선을 이용하였다. F와 G 둘 중에 한 명은 1호선을 이용하였다. 그러므로 1호선을 이용한 사람은 3명이 되므로 E는 1호선을 탈 수 없다.

	A	B	C	D	E	F	G
1호선	×	○		○			
4호선	○	×		×			

21 ③

- 홀수 칸은 +8씩 증가하고 있다. (7, 15)
- 짝수 칸은 +5씩 증가하고 있다. (14, 19)

따라서 빈칸에 들어갈 숫자는 23이다.

22 ②

1차 캠페인에 참여한 1~3년차 직원 수를 x라고 할 때, 1년차 직원 수를 기준으로 식을 세우면

$$\frac{23}{100} \times x + 20 = (x+20) \times \frac{30}{100}$$

$$23x + 2,000 = 30x + 600$$

$$7x = 1,400, \ x = 200$$

따라서 1차 캠페인에 참여한 1~3년차 직원은 200명이다.

23 ③

그룹의 직원 수를 x명이라고 할 때,

$$x \times 500,000 \times (1-0.12) > 50 \times 500,000 \times (1-0.2)$$

$$x > \frac{40}{0.88} = 45.4545 \cdots$$

따라서 46명 이상일 때 50명의 단체로 입장하는 것이 유리하다.

24 ②

주어진 조건에 의해 다음과 같이 계산할 수 있다.

$\{(1,000,000 + 100,000 + 200,000) \times 12$
$+ (1,000,000 \times 4) + 500,000\} \div 365 \times 30$
$= 1,652,055$원

따라서 소득월액은 1,652,055원이 된다.

25 ③

(가) 경상수지, (나) 본원소득수지

경상수지는 상품수지, 서비스수지, 본원소득수지, 이전소득수지로 구성되며, 자본금융 계정은 자본수지와 금융계정으로 구성된다.

- ㉠ 경상수지 적자가 지속되면 통화량이 줄어들어 디플레이션이 발생할 수 있다.

ⓒ 국내 기업이 보유하고 있는 외국인의 배당금을 해외로 송금하면 본원소득수지에 영향을 미친다.
ⓔ 국내 기업이 외국에 주식을 투자할 경우 영향을 미치는 수지인 금융계정은 흑자가 지속되고 있다.
ⓕ 외국 기업이 보유한 특허권 이용료 지불이 영향을 미치는 수지인 자본금융은 2014년 적자를 기록하고 있다.

26 ①

$$\frac{\text{이수인원}}{\text{계획인원}} \times 100 = \frac{2,159.0}{5,897.0} \times 100 ≒ 36.7(\%)$$

27 ④

① 커피전체에 대한 수입금액은 2008년 331.3, 2009년 310.8, 2010년 416, 2011년 717.4, 2012년 597.6으로 2009년과 2012년에는 전년보다 감소했다.
② 생두의 2011년 수입단가는(528.1 / 116.4 = 4.54) 2010년 수입단가(316.1 / 107.2 = 2.95)의 약 1.5배 정도이다.
③ 원두의 수입단가는 2008년 11.97, 2009년 12.06, 2010년 12.33, 2011년 16.76, 2012년 20.33로 매해마다 증가하고 있다.

28 ③

① 2010년 원두의 수입단가 = 55.5 / 4.5 = 12.33
② 2011년 생두의 수입단가 = 528.1 / 116.4 = 4.54
③ 2012년 원두의 수입단가 = 109.8 / 5.4 = 20.33
④ 2011년 커피조제품의 수입단가 = 98.8 / 8.5 = 11.62

29 ③

각 대기오염물질의 연도별 증감 추이는 다음과 같다.
• 황산화물 : 증가→감소→감소→감소
• 일산화탄소 : 감소→감소→감소→감소
• 질소산화물 : 감소→증가→증가→증가
• 미세먼지 : 증가→감소→감소→감소
• 유기화합물질 : 증가→증가→증가→감소
따라서 연도별 증감 추이가 같은 대기오염물질은 황산화물과 미세먼지이다.

30 ④

A에서 B로 변동된 수치의 증감률은 (B−A) ÷ A × 100의 산식에 의해 구할 수 있다. 따라서 2015년과 2019년의 총 대기오염물질 배출량을 계산해 보면 2015년이 3,212,386톤, 2019년이 3,077,079톤이므로 계산식에 의해 (3,077,079−3,212,386) ÷ 3,212,386 × 100＝약 −4.2%가 됨을 알 수 있다.

31 ②

② "유럽에서의 한방 원료 등을 이용한 'Korean Therapy' 관심 증가"라는 기회를 이용하여 "아시아 외 시장에서의 존재감 미약"이라는 약점을 보완하는 WO전략에 해당한다.

32 ④

'작업환경변화 등 우수 인력 유입 촉진을 위한 기반 조성'을 통해 '신규 인재 기피'라는 약점을 보완하고, '이직 등에 의한 이탈'이라는 위협을 회피한다.

33 ③

공식조직은 조직의 구조, 기능, 규정 등이 조직화되어 있는 조직을 의미하며, 비공식조직은 개인들의 협동과 상호작용에 따라 형성된 자발적인 집단 조직이다. 또한 영리성을 기준으로 영리조직과 비영리조직으로 구분되며, 규모에 의해 대규모 조직과 소규모 조직으로 구분할 수 있다.
③ 종교단체는 영리를 추구하지 않으므로 비영리조직을 볼 수 있으나, 구조, 기능, 규정을 갖춘 공식조직으로 분류된다.

34 ②

경영은 한마디로 조직의 목적을 달성하기 위한 전략, 관리, 운영활동이다. 즉, 경영은 경영의 대상인 조직과 조직의 목적, 경영의 내용인 전략, 관리, 운영으로 이루어진다. 과거에는 경영(administration)을 단순히 관리(management)라고 생각하였다. 관리는 투입되는 자원을 최소화하거나 주어진 자원을 이용하여 추구하는 목표를 최대한 달성하기 위한 활동이다.

35 ④

거래처 식대이므로 접대비지출품의서나 지출결의서를 작성하고 30만 원 이하이므로 최종 결재는 본부장이 한다. 본부장이 최종 결재를 하고 본부장 란에는 전결을 표시한다.

36 ④

해외출장비는 교통비에 해당하며, 출장계획서의 경우 팀장, 출장비신청서의 경우 대표이사에게 결재권이 있다.

37 ③

③ 상석을 결정할 경우, 나이와 직위가 상충된다면 직위가 나이를 우선하게 된다. 또한 식사 테이블의 좌석을 정하는 에티켓으로는 여성 우선의 원칙, 기혼자 우선의 원칙 등이 있다.

38 ②

㉠ 사장직속으로는 3개 본부, 12개 처, 3개 실로 구성되어 있다.
㉡ 해외부사장은 2개의 본부를 이끌고 있다.
㉢ 노무처는 관리본부에, 재무처는 기획본부에 소속되어 있다.

39 ②

제시된 글에서는 조직문화의 기능 중 특히 조직 성과와의 연관성을 언급하고 있다. 강력하고 독특한 조직문화는 기업이 성과를 창출하는 데에 중요한 요소이며, 종업원들의 행동을 방향 짓는 강력한 지렛대의 역할을 한다고도 볼 수 있다. 그러나 이러한 조직문화가 조직원들의 단합을 이끌어 이직률을 일정 정도 낮출 수는 있으나, 외부 조직원을 흡인할 수 있는 동기로 작용한다고 보기는 어렵다. 오히려 강력한 조직문화가 형성되어 있을 경우, 외부와의 융합이 어려울 수 있으며, 타 조직과의 단절을 통하여 '그들만의 세계'로 인식될 수 있다. 따라서 조직문화를 통한 외부 조직원의 흡인은 조직문화를 통해 기대할 수 있는 기능으로 볼 수는 없다.

40 ②

① 카리스마적 리더가 뛰어난 개인적 능력으로 부하에게 심대하고 막중한 영향을 미친다.
③ 리더는 부하중심적이며, 부하에게 봉사한다.
④ 연관성이 높은 공공문제를 해결하기 위해서는 촉매작용적 기술과 능력이 필요하며 리더는 전략적으로 사고해야 한다.

41 ①

'EOMONTH(start_date, months)' 함수는 시작일에서 개월수만큼 경과한 이전/이후 월의 마지막 날짜를 반환한다. 따라서 [C3] 셀에 있는 날짜 2014년 3월 22일의 1개월이 지난 4월의 마지막 날은 30일이다.

42 ③

'A'와 'B'가 번갈아 가면서 나타나므로 [A5] 셀에는 'A'가 입력되고 13.9에서 1씩 증가하면서 나타나므로 [B5] 셀에는 '17.9'가 입력된다.

43 ④

POWER(number, power) 함수는 number 인수를 power 인수로 제곱한 결과를 반환한다. 따라서 5의 3제곱은 125이다.

44 ①

②③ 현재 통합문서를 닫는 기능이다.
④ 새 통합문서를 만드는 기능이다.

45 ①

① 제조 시기는 11xx이며, 원산지와 제조사 코드는 5K, 철제 프레임은 03009가 되어야 한다. 뒤에 다섯 자리 01201은 1,201번째로 입고된 물품을 의미하므로 모든 코드가 적절하게 구성되어 있음을 알 수 있다.

46 ③

생산지는 영문 알파벳 코드 바로 앞자리이므로 오 사원과 양 사원이 모두 3으로 중국에서 생산된 물품을 보관하고 있음을 확인할 수 있다.

47 ③

D2셀에 기재되어야 할 수식은 =VLOOKUP(B2,$C$12:$D$15,2,0)이다. B2는 직책이 대리이므로 대리가 있는 셀을 입력하여야 하며, 데이터 범위인 C12:D15가 변하지 않도록 절대 주소로 지정을 해 주게 된다. 또한 대리 직책에 대한 수당이 있는 열의 위치인 2를 입력하게 되며, 마지막에 직책이 정확히 일치하는 값을 찾아야 하므로 0을 기재하게 된다.

48 ③

㈎ 대화 상자에서 '원본 데이터 연결'을 선택하면 제시된 바와 같은 기능을 실행할 수 있다. (O)

㈏ 통합 문서 내의 다른 워크시트뿐 아니라 다른 통합 문서에 있는 워크시트도 통합할 수 있다. (X)

㈐ 통합 기능에서 사용할 수 있는 함수로는 합계, 개수, 평균, 최댓값/최솟값, 곱, 숫자 개수, 표준편차, 분산 등이 있다. (O)

㈑ 제시된 바와 같은 경우, 별도의 행이나 열이 만들어지게 되므로 통합 기능을 수행할 수 있다. (O)

49 ③

CHOOSE 함수는 'CHOOSE(인수, 값1, 값2, …)'과 같이 표시하며, 인수의 번호에 해당하는 값을 구하게 된다. 다시 말해, 인수가 1이면 값1을, 인수가 2이면 값2를 선택하게 된다. 따라서 두 번째 인수인 B4가 해당되어 B2:B4의 합계를 구하게 되므로 정답은 267이 된다.

50 ③

주어진 설명에 해당하는 파일명은 다음과 같다.

㉠ BMP

㉡ JPG(JPEG) : 사용자가 압축률을 지정해서 이미지를 압축하는 압축 기법을 사용할 수 있다.

㉢ GIF : 여러 번 압축하여도 원본과 비교해 화질의 손상이 없는 특징이 있다.

㉣ WMF

51 ④

직원들이 항상 불법이나 과실을 직속상관과 편하게 논의할 수 있는 것은 아니며 때로는 직속상관이 문제의 몸통일 수도 있다. 직원들이 내부자와의 대화를 불편하게 생각할 수 있기 때문에 다양한 내부의 제보 라인 외에도 외부의 공익 제보단체들과 핫라인을 구축하여 효과적인 고발이 이루어지도록 시스템을 갖추어야 한다.

52 ②

부정청탁금지법은 부정청탁 자체를 금지하는 것으로 실현되지 않은 경우에도 청탁자는 과태료 부과 및 징계 대상이 된다.

① 부정청탁에 의한 지시를 한 상급자는 당연히 처벌 대상에 해당되며, 이를 수행한 하급자는 부정청탁에 따른 것임을 인지한 경우 거절하는 의사를 표시해야 함에도 불구하고 지시에 따라 처리하였으므로 하급자 역시 처벌 대상이 된다.

53 ③

C대리의 행동에서는 꾸준히 자기개발을 수행하는 성실함을 엿볼 수 있으며, 이는 '책임'을 실천하는 모습과는 관련이 없다.

54 ①

제시된 내용 이외에도 채용비리 근절을 위하여 취할 수 있는 방법으로, 수사결과 등으로 밝혀진 부정합격자에 대해서는 채용취소 근거규정을 마련하고 응시자격을 제한하는 조치도 고려할 수 있다. 또한 채용 과정의 투명성을 확보하고 내부 점검을 보다 강화하기 위하여 외부 시험위원을 과반수 이상 구성토록 명시하는 것도 좋은 방법이 될 수 있다. 이 밖에도 이해당사자 구체화, 블라인드 방식 강화, 채용관련 문서 영구 보존 의무화 등을 통해 채용비리 근절을 앞당길 수 있을 것이다.

55 ④

본인의 의사에 반하는 어떠한 인사상의 조치도 취하면 안 된다고 규정하고 있다. 따라서 피해 당사자라 하더라도 직무에서 배제할 수 없으며, 오히려 치료지원 등을 위한 업무상 공백을 인정해야 주어야 한다.

56 ①

주어진 글은 '고객접점서비스'에 관한 내용이다. 고객접점서비스란 고객과 서비스 요원 사이의 15초 동안의 짧은 순간에서 이루어지는 서비스로서 이 순간은 진실의 순간(MOT : moment of truth) 또는 결정적 순간이다. 이 15초 동안에 고객접점에 있는 최일선 서비스 요원이 책임과 권한을 가지고 우리 회사를 선택한 것이 가장 좋은 선택이었다는 사실을 고객에게 입증시켜야 한다는 것이다. 즉 "결정의 순간"이란 고객이 기업조직의 어떤 한 측면과 접촉하는 사건이며, 그 서비스의 품질에 관하여 무언가 인상을 얻을 수 있는 사건이다. 따라서 고객접점서비스 차원에서 볼 때, 고객에게 짧은 시간에 결정적이고 좋은 인상을 심어주려는 행위는 바람직한 행위인 것이다.

57 ④

브랜드 이미지를 관리하기 위한 조치로 적절한 것은 사실이지만, 제공된 자료에 의하면 브랜드 이미지에 대한 오해를 해소하거나 홍보를 위한 행동이 필요한 것이 아니라, 신뢰를 저버린 것이 크게 문제가 된다는 점을 알 수 있다.

① 기업은 투자자에게 투명한 정보를 제공하고, 투자자의 이윤 성취에 힘써야 할 의무가 있다. 따라서 투자자를 설득시킬 수 있는 경영 방침을 시행하는 것이 중요하다.

② 주어진 글을 통해 확인할 수 있는 내용이다.

③ 정보 통신의 발달이 공정성의 강조를 촉진시키고 있다는 내용뿐만 아니라, 주어진 글을 통해 주가가 폭락하는 등의 모습이 보여 성과와의 연관성을 설명하고 있다.

58 ②

고객과의 대화 내용을 녹취하는 것은 고객에 대한 예절의 차원이 아닌 A기관의 업무수행을 위한 행위이다. 고객의 의견을 명확히 이해하기 위해서는 "~다는 말씀이시지요?" 또는 "~라고 이해하면 되겠습니까?" 등의 발언을 통하여 고객이 말하는 중요 부분을 반복하여 확인하는 것이 효과적인 방법이라고 할 수 있다.

59 ②

'원활한 직무수행 또는 사교·의례의 목적으로 제공될 경우에 한하여 제공되는 3만 원 이하의 음식물·편의 또는 5만 원 이하의 소액의 선물'이라고 명시되어 있으며, 부정한 이익을 목적으로 하는 경우는 3만 원 이하의 금액에 대해서도 처벌이 가능하다고 해석될 수 있다.

① 사적 거래로 인한 채무의 이행 등에 의하여 제공되는 금품은 '금품 등을 받는 행위의 제한' 사항의 예외로 규정되어 있다.

③ 공개적인 경우 문제의 소지가 현저히 줄어든다고 볼 수 있다.

④ 상조회로부터의 금품에 대한 한도액과 관련한 규정은 제시되어 있지 않다.

60 ④

책임감에 관한 내용이다. 직무수행 중 일어난 과실에 대해서는 법적인 책임만 부담한다는 식의 가치관보다는 무한책임감을 갖고 나는 잘못을 저질렀을 때에도, 끝까지 책임지려고 하는 책임감이 중요하다는 가치관을 가져야 한다.

직무를 수행하면서 책임은 법적인 책임만 있는 것이 아니라, 사규에 의한 책임, 도의적 책임, 개인양심에 대한 책임 등 여러 가지가 있다. 법적 책임 한 가지만 한정되어 책임감을 정의한다는 것은 직업인으로서의 윤리에 어긋난다.

1 ②

　② 사회규범이 아닌 관습에 해당한다.

2 ③

　근대 이전에는 지배자 마음대로 법이 제정·집행되고 재판이 이루어져 국민의 자유와 권리가 침해되는 '사람에 의한 지배'가 이루어졌다. 그러나 근대 시민 혁명 이후, 국가의 통치 행위는 반드시 의회에서 제정한 법률에 따라야 한다는 '법에 의한 지배'로 변화하게 되었다. 법에 의한 지배(법치주의)는 국가 권력을 견제하여 국민의 자유와 권리를 보장하는 것을 목적으로 하고 있다.

3 ④

　㉠ 법률에 의해 국민의 기본권이 제한될 수 있으므로 실정권적 성격이 나타난다.
　㉢ 기본권 제한의 한계로서 자유와 권리의 본질적인 내용은 침해할 수 없다.

4 ④

　㉠ 개인 간 분쟁 발생 시 어떤 절차를 거쳐 재판을 할 것인지는 민사소송법에서 다루고 있다.
　㉢ 국가와 같은 공적 기관이 개입하여 사회적 질서, 공공의 생활을 규율하는 법은 공법으로서 헌법, 형법, 행정법, 각종 소송법 등이 이에 해당한다.

5 ②

　㉠㉢ 성추행과 컴퓨터 바이러스 유포는 법이 보장하는 이익을 침해하고 사회 질서를 어지럽히는 반사회적 행위이다. 따라서 형벌권을 지닌 국가에 의해 소송이 제기되는 형사 사건이 된다.
　㉡ 재판상 이혼은 개인 간의 법률관계에서 발생하는 것이다.
　㉣ 빌린 돈을 갚지 않았다면 채무 불이행으로 역시 개인 간의 법률관계에서 권리가 침해된 것이다.

6 ②

　지방공기업법 적용 대상 사업〈제2조〉
　㉠ 수도사업(마을상수도사업은 제외)
　㉡ 공업용수도사업
　㉢ 궤도사업(도시철도사업 포함)
　㉣ 자동차운송사업
　㉤ 지방도로사업(유료도로사업만 해당)
　㉥ 하수도사업
　㉦ 주택사업
　㉧ 토지개발사업
　㉨ 주택·토지 또는 공용·공공용건축물의 관리 등의 수탁

7 ①

　형사 사건이 발생하면 고소, 고발, 자수 등으로 수사관이 범죄 사실을 알게 되고, 경찰과 검사가 수사를 진행하게 된다. 수사 결과 검사가 필요하다고 생각할 경우 법원에 재판을 요구하고, 법원에서는 재판을 진행하여 판사가 유·무죄를 판단하며, 유죄인 경우 형을 확정한다.

8 ②

　제시된 법들은 모두 성문법에 해당한다. 성문법은 일정한 입법 절차에 따라 조문의 형식으로 제정된 법이다.
　① 사회법, ③ 특별법, ④ 공법, ⑤ 실체법

9 ①

　㉢ 기본권 제한에 대한 내용은 없다.
　㉣ 기본권은 개인들 사이의 계약에 의해 성립되는 것이 아니라 날 때부터 천부적으로 부여받은 권리이다. 개인들 사이의 계약에 의해 성립된 것은 국가, 또는 정부이다.

10 ⑤

　① ⑺는 법의 강제성을 상징적으로 표현한 말이다.
　② ⑻에서 '법'은 법 규범과 도덕, 관습 등을 모두 포함한 사회규범을 말한다.
　③ ⑺는 도덕과 구분되는 법의 특징을 표현한 것으로서, ⑻의 '법'과 다른 의미로 사용되었다.
　④ ⑻는 도덕과 관습도 포함한 것이므로 국가를 전제로 하지 않는다.

11 ②

담합 등과 같은 불공정 거래가 이루어지는 시장에서는 소비자가 물품 및 용역을 사용 또는 이용함에 있어서 거래의 상대방, 구입 장소, 가격, 거래 조건 등을 자유롭게 선택할 수 없게 된다. 이러한 소비자의 선택할 권리를 보장하기 위해 정부는 불공정 거래 행위에 제재를 가하고 있다. 또 할부 거래법, 방문 판매법 등을 제정하여 소비자에게 계약 철회권을 부여함으로써 소비자의 선택할 권리를 보호하고 있다.

12 ②

법치행정의 원리란 행정기관의 행정작용이 법에 위배되어서는 안 될 뿐만 아니라, 미리 정해진 법률에 의거하여 행정권이 발동되어야 함을 말한다. 의회가 제정한 법률에 의해서만 국민의 권리를 제한할 수 있어야 한다. 법치행정이 이뤄질 때 행정권의 자의적 행사와 관료에 의한 인적통치를 막을 수 있다. 행정법의 내용도 헌법의 기본 정신에 부합되어야 법의 정당성도 확보될 수 있다. 또 과거에는 법치행정은 국민에 대한 규제적 기능을 수행하는 측면이 강했으나 오늘날은 행정이 해야 할 기능을 부여하고 그 활동을 촉진하는 기능을 수행한다.

13 ④

① 죄형 법정주의의 원칙상 처벌되지 않는 것이다.
② 정당 행위로 위법성 조각 사유이다.
③ 책임 능력이 없어서 책임이 조각되는 사유에 해당한다.
⑤ 범죄 행위가 가지는 위법성을 인식하지 못하기 때문에 책임이 조각되는 사유에 해당한다.

14 ①

① 네트워크 조직은 정체성이 약하고 경계가 모호하기 때문에 응집력 있는 조직문화 형성이 곤란하다.

15 ①

과학적 관리론에 대한 반발로 생겨난 인간관계론은 인간 소외의 극복을 지향하였다. 비공식조직의 중요성을 인정하는 이론으로, 조직의 성과에 미치는 영향요인으로서 조직의 구조적 측면보다는 비공식적 인간관계를 중요시하는 이론이다. 따라서 인간관계론은 공식조직보다 비공식조직을 중시한다.

16 ②

② 평가자의 전문성은 일반적 정책평가의 평가기준이 아니다.
※ 정책평가의 기준으로 효과성·능률성·주민만족도·수혜자대응성·체제유지정도(Nakamura & Smallwood)를 들기도 하고, 효과성·능률성·적절성·적합성·고객대응성·형평성 등(W. Dunn)을 들기도 한다.

17 ③

직위분류제의 수립절차 … 계획의 수립 → 분류담당자의 선정 → 직무조사 → 직무분석 → 직무평가

※ **직무분석과 직무평가**

구분	직무분석	직무평가
내용	직무의 종류별 분류	직무의 난이도, 책임도 분류
구조	수직적·종적 분류구조	수평적·횡적 분류구조
결정	직군, 직렬	직급, 직무등급
순서	직무조사 이후	직무분석 이후

18 ①

① 「정부기업예산법」의 적용을 받는 공기업의 회계방식은 현금주의가 아닌 발생주의 방식을 취하고 있다.
※ 「정부기업예산법」의 회계방식에는 발생주의 회계원칙, 원가계산제도, 감가상각제도, 예산의 신축성 부여, 예산의 요구서류 첨부, 손익계산서 명확화 등이 있다.

19 ①

님비현상과 핌피현상
㉠ 님비(NIMBY ; not in my back yards)현상 : 혐오시설의 자기지역 유치를 반대하는 운동을 말하는데, 혐오시설은 대개 쓰레기소각장, 방사성폐기물처분장, 고압송전탑, 장애인학교 등을 말한다.
㉡ 핌피(PIMFY ; please in my front yards)현상 : 님비현상과 반대로 유익한 시설 등의 자기지역 유치를 경쟁적으로 시도하는 주장을 말한다. 이들은 모두 자기지역만의 이익을 추구하려는 경향이다. 이러한 지역 이기주의적 경향은 지방자치제가 시행되면서 더욱 심해지는 경향이 있다.

20 ②

집권화 · 분권화 촉진요인

집권화 촉진요인	분권화 촉진요인
• 교통 · 통신의 발달	• 신속한 업무처리
• 행정의 능률성 향상	• 유능한 관리자 양성
• 하위조직의 능력 부족	• 행정의 민주성 확보
• 지도자의 강력한 리더십	• 민주적 통제의 강화
• 행정의 획일적 · 통일적 처리 요구	• 대규모 조직과 기성조직
• 소규모 영세조직과 신설조직의 경우	• 지역실정에 맞는 행정의 구현
• 위기 존재시 신속한 결정을 위하여	• 주변상황의 불확실성과 동태성
• 특정 활동의 강조와 특정 분야의 전문화	• 권한위임을 통한 부하의 사기앙양과 창의력의 계발 및 책임감의 강화

21 ⑤

⑤ 최근 강조되고 있는 성과 중심의 행정은 부패방지와 관련이 있다고 볼 수 있다. 그러나 개방형임용제를 통한 행정 내부에 경쟁방식을 도입하는 취지이므로 직업공무원제의 강화와는 관계가 없다고 볼 수 있다.

22 ②

책임운영기관 … 중앙정부의 집행 및 서비스전달기능을 분리하여 자율성을 부여하고, 그 운영성과에 대하여 책임을 지도록 하는 성과중심의 사업부서화 된 행정기관을 말한다.

ⓐ **특징** : 서비스기능 중심의 특정 기능만 전담하는 책임경영조직이며 성과 중심의 개방화된 조직이다. 자율성이 보장되고 결과에 대한 책임을 져야 하며 경쟁의 원리를 적용한다.

ⓑ **적용분야** : 민영화 · 공사화가 불가능하거나 내부시장을 창출할 수 있는 분야, 독립채산제가 적용 가능하고 성과관리가 용이한 분야, 서비스 통합이 필요한 분야에 도입한다.

23 ①

②③④⑤ 외부주도형에 해당된다.

※ **정책의제형성의 모형**

ⓐ **외부주도형(배양형)**
• 외부집단에 의해 사회문제가 제기되고 확대되어 공중의제가 되었다가 마지막에 가서는 공식의제가 되는 경우(사회문제→사회적 쟁점→공중의제→ 정부의제)

• 6 · 29선언, 낙동강 수질개선, 개방형 임용제, 전자거래제도 등

ⓑ **내부주도형(동원형)**
• 외부주도형과 반대로 정부조직 내부에서 주도되어 거의 자동적 · 공식적으로 의제가 되는 경우로, 성공적인 집행을 위하여 정부의 PR활동을 통해 공중의제로 전환시키게 됨(사회문제→정부의제→공중의제)

• 올림픽 유치, 가족계획사업, 새마을운동, 전자주민카드제 등

ⓒ **내부접근형(음모형)**
• 정부 내의 관료집단이나 정책결정자에게 접근이 용이한 외부집단의 문제제기에 의하여 정부의제화되는 경우(사회문제→정부의제)

• 미국의 무기구입계약 등

24 ③

③ 국가경쟁력을 강화시키기 위해서는 공공부문에도 경쟁원리(저비용 · 고효율성)를 도입하여야 한다. 따라서 성과나 생산성이 낮은 부문의 인력을 감축하는 것이 가장 합리적인 방법이라 할 수 있다.

25 ②

② 서비스에 직접 참여하지 않는 특정인을 배제하기가 곤란하므로 근원적으로 무임승차자문제를 해결하기가 곤란하다. 무임승차자문제를 원칙적으로 해결할 수 있는 대안은 수익자 부담원칙, 응익성원칙, 사용자 부담원칙 등이 있다.

※ **공동생산** … 종래에는 정부만이 담당하던 서비스 제공 업무에 전문가인 공무원과 민간이 공동으로 참여하는 것으로, 자원봉사활동에 의해 정부활동을 보완하는 경우를 말한다.

26 ④

④ 「지방자치법」은 헌법에 근거하여(위임에 의해) 국회에서 제정되는 법률 형식의 법규이다.

※ **지방자치** … 극히 다의적인 개념이다. 그러나 지방자치의 가장 보편적인 정의를 내려 본다면 지방자치란 일정한 지역을 기초로 하는 단체가 자기의 사무, 즉 지역의 행정을 그 지역주민의 의사에 따라서 자기의 기관과 재원에 의하여 독자적으로 수행하는 행위라 할 수 있다.

27 ③

자본주의 기업은 시장에서의 완전경쟁을 가정하고 있다.

28 ⑤

경영의 방향에 대한 당위로서의 합리성 및 가치적인 배제를 말한다.

29 ③

서번트 리더십(Servant Leadership) : 타인에게 행하기 위한 봉사에 기준을 두고, 구성원 및 소비자들의 커뮤니티를 우선적으로 하며, 그들의 니즈를 만족시키기 위해 헌신하는 리더십을 의미한다.

30 ④

④ 존경의 욕구단계이다.

31 ⑤

재고의 기능
㉠ 재고보유를 통한 판매의 촉진
㉡ 투자 및 투기의 목적으로 보유
㉢ 소비자에 대한 서비스
㉣ 부문 간의 완충역할
㉤ 취급수량의 경제성

32 ①

집단의사결정의 장점
㉠ 많은 지식과 정보를 수집할 수 있다.
㉡ 구성원 간 상호작용에 의한 시너지효과를 발휘할 수 있다.
㉢ 일의 전문화가 가능하다.
㉣ 커뮤니케이션 및 교육 기능을 수행할 수 있다.
㉤ 참여한 구성원의 만족과 지지로 응집력이 향상된다.

33 ②

항공사의 서비스를 이용하는 것과 학교에서의 수업을 듣는 교육서비스 등은 말 그대로 해당 서비스를 이용하는 것이지 소유를 할 수 없다. 이 같이 인간이 서비스를 구매하기 전에 보거나 또는 듣거나 하는 등의 오감을 통해 느낄 수 없는 것을 무형성이라고 한다.

34 ④

현대적 인사관리는 전통적 인사관리와는 다르게 주체적이면서 자율적인 Y론적 인간관을 추구하고 있다.

35 ⑤

최저 임금제는 노동력의 질적인 부분을 향상시킨다.

36 ③

번햄(J. Burnham)은 '경영의 혁명'을 저술하여 경영자주의를 기초로 하는 사회개량주의를 제창하였다.

37 ②

채권은 대부분이 장기증권이다.

38 ②

중앙정부나 지방정부가 소유 및 운영하는 기업은 공기업을 의미한다.
㉡ 정부실패 문제가 제기되면서 민영화되는 공기업이 증가하는 추세이다.
㉢ 정부가 독점으로 운영하는 공기업이 많다.

39 ②

제시된 내용은 패리티가격(Parity Price)에 관한 설명으로 농민, 즉 생산자를 보호하려는 데 그 목적이 있다.

40 ③

㉠ 경기 침체를 극복하기 위해서는 국공채를 매입해야 한다.
㉣ 국내 금리가 외국의 금리보다 낮을 경우 높은 수익을 좇아 국내 자본이 해외로 유출될 가능성이 커진다.

41 ③

① 공공재는 시장 기능에 의해서는 사회적 필요량보다 과소 생산되는 시장 실패가 나타난다. 그러나 이 역시 제시된 사례에 해당되는 것은 아니다.
② 관료 집단의 이기주의와 부정부패가 심화되면 정부실패로 이어지게 된다.

④ 상품 정보의 비대칭으로 인해 도덕적 해이가 나타나는 것도 시장 실패로 볼 수 있지만 제시된 사례와는 거리가 멀다.

⑤ 소수가 시장을 지배하게 되면 불완전한 경쟁으로 인해 시장 실패가 나타나지만, 제시된 사례에 해당되는 것은 아니다.

42 ④

④ 이자를 충분히 받지 못할 것으로 예상한 사채업자들은 자금을 급히 회수하려고 할 것이므로 사채 공급이 줄고, 채무 상환 요구를 받은 채무자들은 또 다른 사채를 얻어서 갚으려 할 것이므로 사채 수요는 늘 것이다. 따라서 사채 이자율은 단기간에 급격히 상승할 것이다.

① 사채 공급은 감소할 것이다.
② 사채 수요는 증가할 것이다.
③ 사채 시장은 원래 불균형 상태에 있지 않았다.
⑤ 사채 시장은 초과 수요 상태일 것이다.

43 ⑤

㉠㉡ 인플레이션 발생의 공급 측면의 원인이다.
㉢㉣ 인플레이션 발생의 수요 측면의 원인이다.

44 ④

④ 불로소득은 노동하지 않고 얻은 소득이다. ㉡, ㉢은 생산과정에서 경영이나 노동을 투입하여 얻는 소득이므로 불로소득이라고 볼 수 없다.

45 ④

④ 투기적 화폐수요의 이자율탄력성이 크다는 것은 LM곡선이 매우 완만하다는 것이다. LM곡선이 완만한 형태인 경우에는 확장적 재정정책으로 IS곡선이 오른쪽으로 이동하더라도 이자율의 상승폭은 적다. 그렇게 되면 재정지출 확대정책으로 인한 구축효과가 크게 나타나지 않는다.

46 ②

① 정치적 통합보다는 경제적 통합이 우선적으로 이루어지는 것이 바람직하다.
③ 남북 간에 실질적인 교류와 협력이 이루어지기 위해서는 기업의 역할이 매우 중요하다. 특히, 북한은 남한 민간 기업과의 경제 협력을 통하여 실질적 이익을 추구하는 데 관심을 보이고 있다.

④⑤ 남북 경제 협력은 호혜적 입장에서 북한의 수용 여건과 남한의 능력 범위 안에서 실천 가능한 사업부터 단계적으로 추진되는 것이 효과적이다.

47 ④

① 자산은 1,100만 원이다.
② 순자산은 자산에서 부채를 차감한 금액인 500만 원이다.
③ 지출은 자산의 감소 항목이며 수입은 자산의 증가 항목이므로, 지출이 수입보다 큰 경우 순자산은 감소하게 된다.
⑤ 현금으로 신용 카드 미결제 잔액을 갚을 경우 자산은 감소하고 동일한 액수만큼 부채도 감소한다.

48 ③

③ 이 법은 고령이나 노인성 질병 등의 사유로 일상생활을 혼자서 수행하기 어려운 노인등에게 제공하는 신체활동 또는 가사활동 지원 등의 장기요양급여에 관한 사항을 규정하여 노후의 건강증진 및 생활안정을 도모하고 그 가족의 부담을 덜어줌으로써 국민의 삶의 질을 향상하도록 함을 목적으로 한다〈법 제1조〉.

① 장기요양급여는 노인 등이 가족과 함께 생활하면서 가정에서 장기요양을 받는 재가급여를 우선적으로 제공하여야 한다〈법 제3조 제3항〉.
② 장기요양인정 및 장기요양등급 판정 등을 심의하기 위하여 공단에 장기요양등급판정위원회를 둔다〈제52조 제1항〉. 등급판정기준은 장기요양 1~5등급과 장기요양 인지지원등급으로 나뉜다〈시행령 제7조〉.
④ 장기요양사업의 관리운영기관은 국민건강보험공단으로 한다〈법 제48조 제1항〉.
⑤ 장기요양보험료는 국민건강보험법에 따른 보험료(건강보험료)와 통합하여 징수한다〈법 제8조 제2항〉.

49 ②

② 주택연금은 부부 중 한명의 나이가 만 55세 이상이어야 한다.

50 ②

사회보장기본법 제3조 제3호에 의하면, "공공부조라 함은 국가 및 지방자치단체의 책임하에 생활유지 능력이 없거나 생활이 어려운 국민의 최저생활을 보장하고 자립을 지원하는 제도를 의미한다."라고 정의한다. 현재 공공부조와 관련해서는 '국민기초생활보장제도'가 실시되고 있다.

제2회 정답 및 해설

✏️ 직업기초능력평가

1 ③
③ 영희가 장갑을 이미 낀 상태인지, 장갑을 끼는 동작을 진행 중인지 의미가 확실치 않은 동사의 상적 속성에 의한 중의성의 사례가 된다.
① 수식어에 의한 중의성의 사례로, 길동이가 나이가 많은 것인지, 길동이와 을순이 모두가 나이가 많은 것인지가 확실치 않은 중의성을 포함하고 있다.
② 접속어에 의한 중의성의 사례로, '그 녀석'이 나와 함께 가서 아버지를 만난건지, 나와 아버지를 각각 만난건지, 나와 아버지 둘을 같이 만난건지가 확실치 않은 중의성을 포함하고 있다.
④ 명사구 사이 동사에 의한 중의성의 사례로, 그녀가 친구들을 보고 싶어 하는 것인지 친구들이 그녀를 보고 싶어 하는 것인지가 확실치 않은 중의성을 포함하고 있다.

2 ②
위 문서는 기안서로 회사의 업무에 대한 협조를 구하거나 의견을 전달할 때 작성하며, 흔히 사내 공문서라고도 한다.

3 ③
선발인원, 활동 내역, 혜택사항 등은 인원을 모집하려는 글에 반드시 포함되어야 할 사항이라고 볼 수 있으며, 문의처를 함께 기재하는 것이 모집 공고문 작성의 일반적인 원칙이다. 활동비 지급 내역 등과 같은 세부 사항은 '응모'와 관련된 직접적인 사항이 아니므로 공고문에 반드시 포함될 필요는 없다고 보아야 한다.

4 ④
④ 국제노동기구에서는 사회보장의 구성요소로 전체 국민을 대상으로 해야 하고, 최저생활이 보장되어야 하며 모든 위험과 사고가 보호되어야 할뿐만 아니라 <u>공공의 기관을 통해서 보호나 보장이 이루어져야 한다</u>고 하였다.

5 ③
③ 파급(波及) : 어떤 일의 여파나 영향이 차차 다른 데로 미침.
① 통용(通用) : 일반적으로 두루 씀. 또는 서로 넘나들어 두루 씀.
② 책정(策定) : 계획이나 방책을 세워 결정함.
④ 양육(養育) : 아이를 보살펴서 자라게 함.

6 ③
'깨진 유리창의 법칙'은 깨진 유리창처럼 사소한 것들을 수리하지 않고 방치해두면, 나중에는 큰 범죄로 이어진다는 범죄 심리학 이론으로, 작은 일을 소홀히 관리하면 나중에는 큰일로 이어질 수 있음을 의미한다.

7 ③
채무자인 乙이 실제 수령한 금액인 1,200만 원을 기준으로 최고연이자율 연 30%를 계산하면 360만 원이다. 그런데 선이자 800만 원을 공제하였으므로 360만 원을 초과하는 440만 원은 무효이며, 약정금액 2,000만 원의 일부를 변제한 것으로 본다. 따라서 1년 후 乙이 갚기로 한 날짜에 甲에게 전부 변제하여야 할 금액은 2,000 − 440 = 1,560만 원이다.

8 ②
甲~戊의 심사기준별 점수를 산정하면 다음과 같다. 단, 丁은 신청마감일(2014. 4. 30.) 현재 전입일부터 6개월 이상의 신청자격을 갖추지 못하였으므로 제외한다.

구분	거주 기간	가족 수	영농 규모	주택 노후도	사업 시급성	총점
甲	10	4	4	8	10	36점
乙	4	8	10	6	10	38점
丙	6	6	8	10	10	40점
戊	8	6	10	8	4	36점

따라서 상위 2가구는 丙과 乙이 되는데, 2가구의 주소지가 B읍·면으로 동일하므로 총점이 더 높은 丙을 지원하고, 나머지 1가구는 甲, 戊의 총점이 동점이므로 가구주의 연령이 더 높은 甲을 지원하게 된다.

9 ②

메모
전 직원들에게
Robert Burns로부터
직원회의에 관하여
월요일에 있을 회의 안건에 대하여 모두에게 알리고자 합니다. 회의는 브리핑과 브레인스토밍 섹션으로 구성될 예정입니다. 회의에서 제안할 사무실 재편성에 관한 아이디어를 준비하여 오시기 바랍니다. 회의는 긍정적인 분위기를 유지하기를 원한다는 점을 기억하시기 바랍니다. 우리는 회의에서 여러분이 제안한 그 어떤 아이디어에도 전혀 비판을 하지 않을 것입니다. 모든 직원들이 회의에 참석할 것을 기대합니다.

10 ①

언어의 기능

㉠ **표현적 기능** : 말하는 사람의 감정이나 태도를 나타내는 기능이다. 언어의 개념적 의미보다는 감정적인 의미가 중시된다. →[예 : 느낌, 놀람 등 감탄의 말이나 욕설, 희로애락의 감정표현, 폭언 등]

㉡ **정보전달기능** : 말하는 사람이 알고 있는 사실이나 지식, 정보를 상대방에게 알려 주기 위해 사용하는 기능이다. →[예 : 설명, 신문기사, 광고 등]

㉢ **사교적 기능(친교적 기능)** : 상대방과 친교를 확보하거나 확인하여 서로 의사소통의 통로를 열어 놓아주는 기능이다. →[예 : 인사말, 취임사, 고별사 등]

㉣ **미적 기능** : 언어예술작품에 사용되는 것으로 언어를 통해 미적인 가치를 추구하는 기능이다. 이 경우에는 감정적 의미만이 아니라 개념적 의미도 아주 중시된다. →[예 : 시에 사용되는 언어]

㉤ **지령적 기능(감화적 기능)** : 말하는 사람이 상대방에게 지시를 하여 특정 행위를 하게 하거나, 하지 않도록 함으로써 자신의 목적을 달성하려는 기능이다. →[예 : 법률, 각종 규칙, 단체협약, 명령, 요청, 광고문 등의 언어]

11 ②

② B와 C가 취미가 같고, C는 E와 취미생활을 둘이서 같이 하므로 B가 책읽기를 좋아한다면 E도 여가 시간을 책읽기로 보낸다.

12 ②

창의적 사고를 개발하기 위한 세 가지 방법은 각각 다음과 같은 것들이 있다.

㉠ **자유 연상법** : 어떤 생각에서 다른 생각을 계속해서 떠올리는 작용을 통해 어떤 주제에서 생각나는 것을 계속해서 열거해 나가는 발산적 사고 방법이다.

㉡ **강제 연상법** : 각종 힌트에서 강제적으로 연결 지어서 발상하는 방법이다.

㉢ **비교 발상법** : 주제와 본질적으로 닮은 것을 힌트로 하여 새로운 아이디어를 얻는 방법이다. 이때 본질적으로 닮은 것은 단순히 겉만 닮은 것이 아니고 힌트와 주제가 본질적으로 닮았다는 의미이다.

13 ③

일정의 최종 결정권한은 상사에게 있으므로 부하직원이 스스로 독단적으로 처리해서는 안 된다.

14 ③

명칭 파일링 시스템(Alphabetic Filing System) … 문서 등을 알파벳순이나 자모순으로 배열한 것으로 가이드 배열이 단순·간편하고 유지비용이 저렴하며 직접검색이 용이하다. 하지만 보안의 위험이 크고 배열 오류가 발생하기 쉽다.

15 ③

주어진 조건들을 종합하면 A는 파란색 옷 입은 의사, B는 초록색 옷을 입은 선생님, C는 검은색 옷을 입은 외교관, D는 갈색 옷을 입은 경찰이므로 회장의 직업은 경찰이고, 부회장의 직업은 의사이다.

	외교관, 검정	의사, 파랑
창	C ↓	A ↓
가	↑ D	↑ B
	경찰, 갈색	선생님, 초록

16 ③

주어진 조건에 따라 선택지의 날짜에 해당하는 당직 근무표를 정리해 보면 다음과 같다.

구분	갑	을	병	정
A	2일, 14일		8일	
B		3일		9일
C	10일		4일	
D		11일		5일
E	6일		12일	
F		7일		13일

따라서 A와 갑이 2일 날 당직 근무를 섰다면 E와 병은 12일 날 당직 근무를 서게 된다.

17 ③

문제의 내용과 조건의 내용에서 알 수 있는 것은 다음과 같다.

• 5층과 1층에서는 적어도 1명이 내렸다.

• 4층에서는 2명이 내렸다. →2층 또는 3층 중 아무도 내리지 않은 층이 한 개 있다.

그런데 네 번째 조건에 따라 을은 1층에서 내리지 않았고, 두 번째 조건에 따라 을이 내리기 직전 층에서는 아무도 내리지 않아야 하므로, 을은 2층에서 내렸고 3층에서는 아무도 내리지 않은 것이 된다(∵ 2층 또는 3층 중 아무도 내리지 않은 층이 한 개 있으므로).

또한 무는 정의 바로 다음 층에서 내렸다는 세 번째 조건에 따르면, 정이 5층에서 내리고 무가 4층에서 내린 것이 된다.

네 번째 조건에서 갑은 1층에서 내리지 않았다고 하였으므로, 2명이 함께 내린 층인 4층에서 무와 함께 내린 것이고, 결국 1층에서 내릴 수 있는 사람은 병이 된다.

18 ④

지역가입자 중 공적소득이 많은 것으로 인정되는 자는 생업 목적에 해당하는 근로를 제공한다고 보지 않으므로 근로자에서 제외된다.

① 건설일용근로자는 1개월간 근로일수가 20일 이상인 경우에 사업장 가입자 신고대상이 된다.

② '소득 있는 업무 종사자가 되므로 조기노령연금 수급권자인 경우에는 다시 사업장 가입자로 신고할 수 있다.

③ 대학 시간강사의 경우 월 60시간 미만인 자로서 생업 목적으로 3개월 이상 근로를 제공하기로 한 경우에 신고대상에 해당된다.

19 ②

대학 시간강사의 경우, 1개월의 근로시간이 50시간(60시간 미만)이더라도 생업을 목적으로 3개월 이상의 근로를 제공하게 되면, '근로자에서 제외되는 자'의 조건에서 제외되므로 근로자가 되어 사업장 가입자 자격 취득 신고대상이 된다.

① 2016년에 시행된 규정에 의해 둘 이상 사업장에 근로를 제공하면서 각 사업장의 1개월 소정근로시간의 합이 60시간 이상인 사람으로서 1개월 소정근로시간이 60시간 미만인 사업장에서 근로자로 적용되기를 희망하는 자는 근로자에서 제외되므로 신고대상에서 제외된다.

③ 일용근로자 또는 1개월 미만의 기한을 정하여 사용되는 근로자에 해당되므로 '근로자'의 개념에서 제외되어 신고대상에서 제외된다.

④ 소득이 발생하지 않는 법인의 이사이므로 근로자에서 제외되어 신고대상에서 제외된다.

20 ①

㈎ 6개월 이내에 보증부대출 채무 인수는 마쳤으나 소유권이전등기를 하지 않았으므로 대출금 조기 만료에 해당된다. (O)

㈏ 병원 입원 기간은 해당 사유에서 제외되므로 대출금이 조기 만료되지 않는다. (X)

㈐ 본인이 담보주택의 소유권을 상실한 경우로 대출금 조기 만료에 해당된다. (O)

㈑ S씨의 대출금과 근저당권 상황은 대출금 조기 만료에 해당될 수 있으나, 채권자인 은행의 설정 최고액 변경 요구에 응하고 있으므로 조기 만료에 해당되지 않는다. (X)

21 ③

÷3, ×6이 반복되고 있으므로, 빈칸에 들어갈 숫자는 $8 \times 6 = 48$이다.

22 ④

의자수를 x라고 하면, 사람 수는 $8x + 5$와 $10(x-2)+7$으로 나타낼 수 있다.

두 식을 연립하여 풀면

$8x + 5 = 10(x-2)+7$, $x = 9$

따라서 의자의 개수는 9개이다.

23 ④

  ㉠ 갑의 작업량은 $\left(3\times\frac{1}{8}\right)+\left(3\times\frac{1}{8}\right)=\frac{3}{4}$

  ㉡ 전체 작업량을 1이라 하고 을의 작업량을 x라 하면,

    $\frac{3}{4}+x=1$, $\therefore x=\frac{1}{4}$

    ㉢ 을의 작업량이 전체에서 차지하는 비율은

    $\frac{1}{4}\times100=25\%$

24 ①

A 학생은 영어보다 수학 성적이 더 높다.

25 ③

민수와 동기가 동시에 10개의 동전을 던졌을 때, 앞면의 개수가 많이 나올 확률은 민수와 동기 모두 같다. 둘이 10개의 동전을 함께 던진 후 동기가 마지막 한 개의 동전을 던졌다고 하면 앞면이 나올 확률은 50%이다. 그러므로 이 게임에서 민수와 동기가 이길 확률은 동일하다.

26 ③

  ③ 같은 지역 안에서는 월간 가격 비교가 가능하다. '다' 지역의 경우 3월 아파트 실거래 가격지수가 100.0이므로 3월의 가격과 1월의 가격이 서로 같다는 것을 알 수 있다.

  ① 각 지역의 아파트 실거래 가격지수의 기준이 되는 해당 지역의 1월 아파트 실거래 가격이 제시되어 있지 않으므로 다른 월의 가격도 알 수 없으므로 비교가 불가능하다.

  ② 아파트 실거래 가격지수가 높다고 하더라도 기준이 되는 1월의 가격이 다른 지역에 비하여 현저하게 낮다면 실제 가격은 더 낮아질 수 있으나 가격이 제시되어 있지 않으므로 비교가 불가능하다.

  ④ '가' 지역의 7월 아파트 실거래 가격지수가 104.0이므로 1월 가격이 1억 원일 경우, 7월 가격은 1억 4천만 원이 아니라 1억 4백만 원이 된다.

27 ④

2016년의 기초연금 수급률이 65.6%이므로 기초연금 수급률은 65세 이상 노인 수 대비 수급자의 비율이라고 볼 수 있다. 따라서 이에 의해 2009년의 기초연금 수급률을 구해 보면, $3,630,147\div5,267,708\times100=68.9\%$가 된다. 따라서 68.9%와 65.6%와의 증감률을 구하면 된다. 이것은 다시 $(65.6-68.9)\div68.9\times100=-4.8\%$가 된다.

28 ②

1인 수급자는 전체 부부가구 수급자의 약 17%에 해당하며, 전체 기초연금 수급자인 4,581,406명에 대해서는 약 8.3%에 해당한다.

  ① 기초연금 수급자 대비 국민연금 동시 수급자의 비율은 2009년이 $719,030\div3,630,147\times100=19.8\%$이며, 2016년이 $1,541,216\div4,581,406\times100=33.6\%$이다.

  ③ 전체 수급자는 4,581,406명이며, 이 중 2,351,026명이 단독가구 수급자이므로 전체의 약 51.3%에 해당한다.

  ④ 2009년 대비 2016년의 65세 이상 노인인구 증가율은 $(6,987,489-5,267,708)\div5,267,708\times100=$ 약 32.6%이며, 기초연금수급자의 증가율은 $(4,581,406-3,630,147)\div3,630,147\times100=$ 약 26.2%이므로 올바른 설명이다.

29 ②

첫째 자리에 선이 세 개 있으므로 15, 둘째 자리에는 점이 세 개 있으므로 60이 된다. 따라서 첫째 자리와 둘째 자리를 합한 값인 75를 입력하면 (그림 4)와 같은 결과를 얻을 수 있다.

30 ②

각 대안별 월 소요 예산을 구하면 다음과 같다.

  A안 : 모든 빈곤 가구에게 전체 가구 월 평균 소득의 25%에 해당하는 금액을 가구당 매월 지급한다고 하였으므로, $(300\times0.2+600\times0.2+500\times0.2+100\times0.2)\times(2,000,000\times0.25)=300\times500,000=150,000,000$원이 필요하다.

  B안 : 한 자녀 가구에는 10만 원, 두 자녀 가구에는 20만 원, 세 자녀 이상 가구에는 30만 원을 가구당 매월 지급한다고 하였으므로, $(600\times100,000+500\times200,000+100\times300,000)=60,000,000+100,000,000+30,000,000=190,000,000$원이 필요하다.

  C안 : 자녀가 있는 모든 맞벌이 가구에 자녀 1명당 30만 원을 매월 지급하고 세 자녀 이상의 맞벌이 가구에는 일률적으로 가구당 100만 원을 매월 지급한다고 하였으므로, $\{(600\times0.3)\times300,000\}+\{(500\times0.3)\times2\times300,000\}+\{(100\times0.3)\times1,000,000\}=54,000,000+90,000,000+30,000,000=174,000,000$원이 필요하다.

따라서 A < C < B 순이다.

31 ④

집단의사결정은 한 사람이 가진 지식보다 집단이 가지고 있는 지식과 정보가 더 많아 효과적인 결정을 할 수 있다. 또한 다양한 집단구성원이 갖고 있는 능력은 각기 다르므로 각자 다른 시각으로 문제를 바라봄에 따라 다양한 견해를 가지고 접근할 수 있다. 집단의사결정을 할 경우 결정된 사항에 대하여 의사결정에 참여한 사람들이 해결책을 수월하게 수용하고, 의사소통의 기회도 향상되는 장점이 있다. 반면에 의견이 불일치하는 경우 의사결정을 내리는 데 시간이 많이 소요되며, 특정 구성원들에 의해 의사결정이 독점될 가능성이 있다.

32 ③

③ 최 이사와 노 과장의 동반 해외 출장 보고서는 최 이사가 임원이므로 사장이 최종 결재권자가 되어야 하는 보고서가 된다.
① 직원의 휴가는 본부장이 최종 결재권자이다.
② 직원의 해외 출장은 본부장이 최종 결재권자이다.
④ 백만 불을 기준으로 결재권자가 달라진다.

33 ②

유기적 조직 ⋯ 의사결정권한이 조직의 하부구성원들에게 많이 위임되어 있으며 업무 또한 고정되지 않고 공유 가능한 조직이다. 유기적 조직에서는 비공식적인 상호의사소통이 원활히 이루어지며, 규제나 통제의 정도가 낮아 변화에 따라 쉽게 변할 수 있는 특징을 가진다.

34 ④

콜센터를 포함하면 11개의 팀으로 구성되어 있다.

35 ③

불안의 수준이 일정한 정도까지 높아질 때 학습량이 늘어나게 된다. 문화 충격은 우리가 새로운 문화와 우리 자신에 관하여 배우도록 하는, 높지만 극단적으로 높은 수준이 아닌 불안을 제공할 때 긍정적인 영향이 생겨나게 된다.

36 ③

직원 교육에 대한 업무는 인사과에서 담당하기 때문에 교육 세미나에 대해 인사과와 협의해야 하지만 영업교육과 프레젠테이션 기술 교육을 인사과 직원이 직접 하는 것은 아니다.

37 ④

협의 사항 중 비서실과 관련된 내용은 없다.

38 ②

① 영업교육과 프레젠테이션 기술 교육
③ 연 2회
④ 영업직원의 영업능력 향상

39 ④

주차유도원서비스, 상품게시판 예약서비스 등은 사전서비스에 해당한다.

40 ①

위 표는 직무기술서로 직무기술서는 주로 과업요건에 초점을 맞추고 있다.

41 ①

후쿠오카공항(K13)역에서 나카스카와바타(K09)역까지 4개 역을 이동하는 데 12분이 걸리고, 공항선에서 하코자키선으로 환승하는 데 10분, 나카스카와바타(H01)역에서 지요겐초구치(H03)역까지 2개 역을 이동하는 데 6분이 걸린다. 따라서 후쿠오카공항(K13)역에서 오전 9시에 출발할 경우, 지요겐초구치(H03)역에는 28분 후인 9시 28분에 도착한다.

42 ②

지요겐초구치(H03) → 무로미(K02) → 후쿠오카공항(K13) → 자야미(N09) → 덴진미나미(N16)의 순으로 움직인다면, H03역에서 K02역으로 이동 할 때 1번, K02역에서 K13역으로 이동할 때 1번, K13역에서 N09역으로 이동할 때 1번으로, 총 3번 덴진(K08)역을 지난다.

43 ③

MID(text, start_num, num_chars)는 텍스트에서 원하는 문자를 추출하는 함수이다. 주민등록번호가 입력된 [B1] 셀에서 8번째부터 1개의 문자를 추출하여 1이면 남자, 2면 여자라고 하였으므로 답이 ③이 된다.

44 ①
- 2017년 5월 : 1705
- 합천 1공장 : 8S
- 세면도구 비누 : 04018
- 36번째로 생산 : 00036

45 ③
'17015N0301200013', '17033H0301300010', '17026P0301100004' 총 3개이다.

46 ②
② 정용준(16113G0100100001) - 박근동(16123G0401800008)

47 ③
③ 매크로 보안 설정 사항으로는 모든 매크로 제외(알림 표시 없음), 모든 매크로 제외(알림 표시), 디지털 서명된 매크로만 포함 등이 있으며, '모든 매크로 포함'은 위험성 있는 코드가 실행될 수 있으므로 권장하지 않는다.

48 ④
표시 위치를 지정하여 특정 문자열을 연결하여 함께 표시할 경우에는 @를 사용한다. 따라서 '신재생'을 입력하여 '신재생에너지'라는 결과값을 얻으려면 '@에너지'가 올바른 서식이다.

49 ②
LOOKUP 함수에 대한 설명이다. LOOKUP 함수는 찾을 값을 범위의 첫 행 또는 첫 열에서 찾은 후 범위의 마지막 행 또는 열의 같은 위치에 있는 값을 구하는 것으로, 수식은 '=LOOKUP(찾을 값, 범위, 결과 범위)'가 된다.

50 ③
IF(조건, 인수1, 인수2) 함수는 해당 조건이 참이면 인수1을, 거짓이면 인수2를 실행하게 하는 함수이다. 따라서 A1 셀이 0 이상(크거나 같음)이면 "양"을, 그렇지 않으면 "음"을 표시하게 되는 것이다.

51 ④
영어의 경우에는 대소문자를 명확히 구분해서 표기해야 한다.

52 ④
김 대리가 윤리적 가치를 준수하고 있는 가장 큰 이유는, 그것이 어떻게 살 것인가 하는 가치관의 문제와도 관련이 있기 때문이다. 그러한 가치는 눈에 보이는 경제적 이득과 육신의 안락만을 추구하는 것이 아니고, 삶의 본질적 가치와 도덕적 신념을 존중하기 때문에 윤리적으로 행동해야 한다는 것을 말해 주고 있는 것이다.

53 ①
정직이 신뢰를 형성하는 충분한 조건은 아니다. 신뢰를 얻기 위해서는 정직 이외에도 약속을 잘 지키거나 필요 능력을 갖춰야 하는 등의 다른 필요사항도 있어야 하겠지만 정직이 신뢰를 위해서는 빠질 수 없는 요소인 것만은 틀림없다. 정직은 사람과 사람이 협력하는데 필요한 가장 기본적인 규범이기 때문에 "거짓말 하는 사람은 정상적인 대우를 하지 않는다."라는 사회적 인식과 믿음을 굳혀야 한다.
또한, 조직의 리더가 조직 구성원에게 원하는 첫째 요건이 바로 성실성이라고 한다. 즉, 성실은 조직생활에서 가장 큰 무기가 될 수 있는 것이다.

54 ②
전화걸기
- 전화를 걸기 전에 먼저 준비를 한다. 정보를 얻기 위해 전화를 하는 경우라면 얻고자 하는 내용을 미리 메모하도록 한다.
- 전화를 건 이유를 숙지하고 이와 관련하여 대화를 나눌 수 있도록 준비한다.
- 전화는 정상적인 업무가 이루어지고 있는 근무 시간에 걸도록 한다.
- 당신이 통화를 원하는 상대와 통화할 수 없을 경우에 대비하여 비서나 다른 사람에게 메시지를 남길 수 있도록 준비한다.
- 전화는 직접 걸도록 한다.
- 전화를 해달라는 메시지를 받았다면 가능한 한 48시간 안에 답해주도록 한다.

55 ②

소매가 넓은 예복을 입었을 시에는 공수한 팔의 소매 자락이 수평이 되게 올리고 평상복을 입었을 때는 공수한 손의 엄지가 배꼽 부위 위에 닿도록 자연스럽게 앞으로 내린다.

56 ④

성예절을 지키기 위한 자세 ··· 직장에서 여성의 특징을 살린 한정된 업무를 담당하던 과거와는 달리 여성과 남성이 대등한 동반자 관계로 동등한 역할과 능력발휘를 한다는 인식을 가질 필요가 있다.
ⓐ 직장 내에서 여성이 남성과 동등한 지위를 보장받기 위해서 그만한 책임과 역할을 다해야 하며, 조직은 그에 상응하는 여건을 조성해야 한다.
ⓑ 성희롱 문제를 사전에 예방하고 효과적으로 처리하는 방안이 필요한 것이다.
ⓒ 남성 위주의 가부장적 문화와 성역할에 대한 과거의 잘못된 인식을 타파하고 남녀공존의 직장문화를 정착하는 노력이 필요하다.

57 ④

단기 일자리를 제공하는 임시 고용형태는 육아와 일, 학업과 일을 병행하거나 정규직을 찾지 못한 사람 등이 주축이 되는 경우가 많으며, 제대로 운용할 경우 적절한 직업으로 거듭날 수도 있는 방식이다. 따라서 이런 임시 고용형태 자체를 무조건 비판하고 부정하는 것은 적절하지 않다.
④ 성추행과 성차별이 횡행했던 조직이라면, 채용된 직원에 대한 올바른 조직문화와 기업윤리를 교육하지 않고 실력에만 의존하여 무분별한 행위를 일삼는 근무 태도를 문제 삼지 않았을 것이라고 판단할 수 있다.

58 ②

주어진 글은 봉사(서비스) 중에서도 '고객접점서비스'에 관한 설명이다. 고객접점서비스란 고객과 서비스 요원 사이의 15초 동안의 짧은 순간에서 이루어지는 서비스로서 이 순간은 진실의 순간(MOT: moment of truth) 또는 결정적 순간이다. 이 15초 동안에 ·고객접점에 있는 최일선 서비스 요원이 책임과 권한을 가지고 우리 회사를 선택한 것이 가장 좋은 선택이었다는 사실을 고객에게 입증시켜야 한다는 것이다. 따라서 고객이 서비스 상품을 구매하기 위해서는 입구에 들어올 때부터 나갈 때까지 여러 서비스요원과 몇 번의 짧은 순간을 경험하게 되는데 그때마다 서비스요원은 모든 역량을 동원하여 고객을 만족시켜주어야 하는 것이다.

59 ①

각자가 말한 직업관은 다음과 같은 의미로 해석할 수 있다.
– 소명의식 : 자신이 맡은 일은 하늘에 의해 맡겨진 일이라고 생각하는 태도
– 천직의식 : 자신의 일이 자신의 능력과 적성에 꼭 맞는다 여기고 그 일에 열성을 가지고 성실히 임하는 태도
– 직분의식 : 자신이 하고 있는 일이 사회나 기업을 위해 중요한 역할을 하고 있다고 믿고 자신의 활동을 수행하는 태도
– 전문가의식 : 자신의 일이 누구나 할 수 있는 것이 아니라 해당 분야의 지식과 교육을 밑바탕으로 성실히 수행해야만 가능한 것이라 믿고 수행하는 태도

60 ③

직업윤리와 개인윤리가 충돌하는 상황이며, 이러한 경우 직업윤리를 우선시하는 것이 바람직하다. 선택지 ④의 경우는 책임감 있는 태도라고 볼 수 없다.

1 ⑤

법은 행동의 결과를 중시하여 이를 처벌 근거로 삼아서 강제로 지키게 하며, 위반 시 국가적 처벌이 따른다. 사회 규범은 사람들이 공동생활을 하면서 함께 지켜야 하는 행동의 원칙으로 관습, 종교, 도덕, 법 등이 있다. 이 중 강제성을 가지고 사람들이 지키게 하며, 위반 시 국가적 처벌이 따르는 규범은 법이다.

① 관습
② 도덕
③ 종교규범
④ 도덕

2 ④

그림에서 ㈎는 사법에 해당한다. 사법은 개인과 개인 사이의 사적인 생활 관계를 규율한다. 사법에는 민법과 상법이 있다.

① 개인과 국가의 관계를 규율하는 법 영역은 공법에 해당한다.
②③ 사회법에 해당한다.
⑤ 개인과 국가의 관계나 국가 기관과 관련된 일이므로 공법에 해당한다.

3 ④

①② 사인(私人)에 의해 개인의 권리가 침해당한 경우 사용할 수 있는 제도이다.
③ 타인의 권리를 침해한 개인에 대해 국가 기관이 사용할 수 있는 제도이다.
⑤ 국회가 사용할 수 있는 제도이다.

4 ④

④ 전세권자는 전세권을 타인에게 양도 또는 담보로 제공할 수 있고 그 존속기간내에서 그 목적물을 타인에게 전전세 또는 임대할 수 있다. 그러나 설정행위로 이를 금지한 때에는 그러하지 아니하다〈민법 제306조〉.

5 ③

①② 형법에서 범죄로 구성하고 있는 살인죄의 구성 요건에 해당한다.

④ 책임성 조각 사유는 만 14세 미만자, 심신 상실자, 강요된 행위 등이다.
⑤ 긴급 피난에 해당하는 설명이다.

6 ③

헌법 소원 심판은 헌법 재판소의 권한 중 하나이다. 헌법 소원은 공권력의 행사·불행사를 요건으로 국민의 기본권이 침해되었을 때 다른 권리 구제 수단을 모두 거친 후 최후의 수단으로 국민이 직접 청구할 수 있다.
③ 법원의 제청을 통한 권리 구제 수단은 위헌 법률 심판 제도이다.

7 ⑤

㈎ - 권리 능력, ㈏ - 행위 능력, ㈐ - 의사 능력
⑤ 만취 상태에 있는 사람은 정상적인 정신 상태에서 법률 행위를 할 수 없으므로 의사무능력자이다. 의사무능력 상태에서 행한 법률 행위는 무효이다. 따라서 자신의 차량을 판 행위는 무효이다.
① 법인은 친권이나 상속권을 가질 수 없으며 권리 능력에 제한이 따른다. 법인은 성질상 재산권뿐만 아니라 생명권·명예권·신용권과 같은 인격권을 가질 수 있으나, 생명권·신체권·가족권 등은 가질 수 없다.
② 미성년자는 법정 대리인의 동의를 얻어 재산상의 유효한 법률 행위를 할 수 있다. 피한정 후견인은 중요한 법률 행위에 대해서는 후견인의 동의를 얻어야 하지만 그 외의 행위는 자유롭게 할 수 있다. 피성년 후견인은 일용품의 구입 등 일상생활에 필요하고 그 대가가 과도하지 아니한 법률 행위나 법원이 정한 법률 행위는 단독으로 할 수 있으나 그 이외의 법률 행위는 후견인이 대리해야 유효하다.
③ 태아는 원칙적으로 권리 능력이 없지만 상속이나 불법 행위로 인한 손해 배상 청구에서는 예외적으로 권리 능력을 인정받는다.
④ 사람은 출생에 의해 권리 능력을 갖는다.

8 ④

추정 … 입증이 용이하지 않은 확정되지 않은 사실을 통상의 상태를 기준으로 하여 입증 사실로 인정하고 이에 상당한 법적 효과를 주는 것이다. 즉, 법의 편의상 반대의 증거가 없는 한 일정한 사실의 존재나 내용을 일단 가정해 놓는 것을 말한다. 이러한 사실의 추정은 사실의 입증, 사실의 간주와 더불어 어떤 사건을 법적 가치가 있는 사실로 확정하는 법적 인식 작용이다.

9 ②

② 남녀고용평등법은 헌법의 양성 평등 이념에 따라 고용에 있어서 남녀의 평등한 기회 및 대우를 보장하는 한편, 모성을 보호하고 직업 능력을 개발하여 근로 여성의 지위 향상과 복지 증진에 기여함을 목적으로 한다.

10 ④

제시문에서는 정보의 불균형이 지니는 문제점을 지적하고 있다. 즉, 정보를 한쪽에서만 가지고 있고 다른 쪽에서는 가지고 있지 못할 경우, 행정 행위에 대한 철저한 검증이 불가능할 것이고, 이 과정에서 부정부패와 독선적 일처리 행위가 증가할 것이다. 이러한 문제점을 해결하기 위해서는 시민들의 알 권리를 충족시킬 수 있는 제도가 마련되고 정비 되어야 한다.

11 ④

통지는 준법률행위적 행정행위이다.

12 ②

② 공무원의 불법행위나 공공시설의 관리 하자로 인해 손해를 입은 경우에는 행정상 손해 배상을 청구할 수 있다.

13 ②

제시문의 내용은 명확하지 않은 형법 규정은 죄형 법정주의에 반한다는 것이다. 명확성의 원칙이란, 어떤 행위가 형법에 의하여 금지되는 행위인지가 명확해서 누구든지 알 수 있어야 한다는 것이다. 즉, 범죄의 구성 요건과 형벌의 종류와 내용을 누구나 알 수 있도록 명확하게 규정해야 한다는 원칙이다.

14 ③

행정목표는 목표달성도(효과성)를 측정하는 기준이 되며, 조직의 민주화 수준을 측정하는 데는 조직목표라기 보다는 행정이념으로서의 민주성을 기준으로 평가하여야 할 것이다.

※ **행정이념** … 민주성 · 합법성 · 능률성 · 효과성 · 사회적 형평성이 있다.

15 ②

② 일반적으로 집권적 의사결정은 합리성을 제약하는 요인으로 볼 수 있지만, 분권화는 합리성 제약요인으로 보기 어렵다.

16 ④

상황론은 상황변화를 독립변수로, 리더십을 종속변수로 보고 리더십은 상황논리에 따라야 한다는 이론이다.

17 ④

④ 직군은 직무의 성질이 유사한 직렬의 군이다.

18 ②

공무원의 정치적 중립은 선거비용 절약과 직접적 관계가 없으며, 공무원의 정치적 민주화를 이루려면 정치활동을 허용하는 것이 옳다.

19 ①

① 민간이양은 정부실패 보완방법이다. 시장실패를 보완하기 위해서는 정부규제(개입)가 강화되어야 한다.

20 ①

정부실패원인

㉠ 행정기구의 내부성과 조직내부목표
㉡ 조직 내 비능률과 서비스 제공비용의 계속적 증가
㉢ 정부개입의 파생적 효과
㉣ 소득분배에의 관여와 권력분배의 불평등
㉤ 정치적 보상체계의 왜곡
㉥ 정치인의 단견
㉦ 비용과 편익의 분리
㉧ 정부산출의 정의 및 측정 곤란성
㉨ 최저선과 종결메커니즘의 결여
㉩ 더 많은 예산 · 인력의 확보
㉪ 정보의 불충분
㉫ 행정의 경직성

21 ①

② **마르코프체인** : 각 시행의 결과가 바로 앞의 시행의 결과에만 영향을 받는 일련의 확률적 시행

③ **대기행렬** : 서비스를 받기 위해 기다리고 있는 처리요구의 행렬

④ **네트워크** : 각기 독자성을 지닌 조직 간의 협력적 연계장치로 구성된 조직

⑤ **델파이 기법** : 예측하고자하는 특정 현상에 대해 그 분야의 전문가 집단에게 설문을 실시하여 의견을 듣고 그 반응을 수집하여 종합·분석하는 기법

22 ③

정책결정의 참여자

㉠ **공식적 참여자** : 국회, 대통령, 행정부처, 관료집단이나 법원

㉡ **비공식적 참여자** : 이익집단, 언론기관, 전문가, 정당, 시민, 지역대표 등

23 ⑤

근무성적평정의 유용성

㉠ **공정한 인사행정의 기준 제공** : 승진·전보·보수지급·훈련·퇴직 등 인사행정의 기초자료를 제공한다.

㉡ **공무원의 직무수행능력 발전** : 개개공무원의 능력과 직책이 요구하는 능력을 비교하여 훈련수요를 파악할 수 있고, 개인의 능력발전 또는 인간관계 개선이나 업무능률 향상을 위해 근무성적평정을 활용할 수 있다.

㉢ **시험의 타당도 측정기준 제공** : 공무원의 채용시험성적과 임용 후의 근무성적을 비교하여 시험의 타당성 여부를 측정할 수 있다.

24 ②

② 시민단체 등을 통한 민중통제는 간접민주제인 대의민주주의의 단점을 보완하기 위한 직접민주제의 일환이다. 시민단체 등을 통한 민중통제는 이외에도 선거나 국민투표의 미비점 보완, 체제의 안정과 항상성 유지, 행정과 시민간의 거리감을 좁혀 주고 이해관계자들 간의 갈등 완화, 객관적이고 공정한 아이디어 제공, 민주시민의 교육 등의 효과가 있다.

25 ①

지방자치단체 … 일정한 지역적 범위를 그 구역으로 하고 그 구역 안의 모든 주민들에 의해 선출된 기관이 국가로부터 상대적으로 독립하여 자주적으로 지방적 사무를 처리할 권능을 가지는 법인격 있는 단체를 말한다. 자치단체는 국가 아래서 국가 영토의 일부를 그 구역으로 하고 있으며, 그 지배권(자치권)은 시원적인 것이 아니라 국가로부터 전래된 것이다.

㉠ **보통지방자치단체** : 특별시·광역시·도, 시·군·자치구가 있다.

㉡ **특별지방자치단체** : 특수한 광역적 사무를 처리하기 위해 설치된 자치단체(자치단체조합)로 특별일선기관과는 구별된다.

26 ④

생태론적 접근방법은 행정을 하나의 유기체로 파악하여 행정과 환경의 상호작용을 연구하며, 행정을 환경의 종속변수로 취급하는 접근법이다.

27 ③

③ 자본주의 기업에 대한 내용이다.

28 ⑤

시스템 접근방법에서의 시스템 속성으로는 기능성, 구조성, 목적성, 전체성 등이 있다.

29 ④

동기부여는 변화에 대한 구성원들의 저항을 줄이면서 더불어 그들의 자발적 적응을 촉진함으로서 조직변화를 용이하게 하는 추진력이 된다.

30 ②

생산시스템에서의 경계 외부에는 환경이 존재하게 된다.

31 ①

정기발주시스템은 주로 단가가 높은 상품에 적용되는 방식이다.

32 ④

④ 전문화가 가능하다.

33 ③

① 판매촉진
② 광고
④ 인적 판매
⑤ 판매촉진

34 ②

조직문화는 구성원 개개인의 문화와 회사 조직간 문화의 충돌이 우려된다.

35 ④

시간 및 비용이 과다 소요된다.

36 ①

재무관리의 영역 중 자금운용의 측면에 해당하는 것으로는 투자의 대상 및 투자결정의 결과 등이 있다.

37 ④

장기금융상품으로는 국공채, 회사채, 국제채권, 지방채 등이 있다.

38 ①

A와 B를 통과하는 곡선은 현재의 소득으로 현재의 소비와 미래의 소비를 고려하여 소비 가능한 여러 조합들을 연결한 것이다.
ⓐ 미래의 소비는 저축을 의미하는데, 저축은 현재의 소비를 미래로 유보한다는 의미를 갖고 있다.
ⓑ 소득이 증가하면 소비를 늘릴 수 있으므로 C점에서의 소비도 가능하다.
ⓒ C 조합의 선택은 물가가 하락하여 같은 소득으로도 구매력이 커지거나, 소득 자체가 증가할 때에만 가능하다.
ⓓ A는 B보다 현재의 소비를 통한 만족을 조금 더 추구할 뿐 덜 합리적인 소비점이라고 볼 수는 없다. A와 B중 어느 것이 더 합리적인가 하는 것은 소비자의 만족과 미래의 계획 등을 고려하여 판단할 문제이다.

39 ②

ⓑ 건물에 대한 대가는 임대료이다.
ⓓ 노동에 대한 대가는 임금이다.
ⓔ 경영에 대한 대가는 이윤이다.

40 ①

케인즈와 케인즈학파의 경제학자들은 금융정책을 불신하고 적자재정에 의한 보정적 재정정책을 쓸 것을 주장하였다.

41 ④

① 이 기업은 상품의 가격이 100원으로 일정하므로 1개 더 팔 때마다 수입이 100원씩 늘어나게 되어 한계 수입은 가격과 일치한다.
② 생산량이 3개일 때 총수입은 300원이고, 생산량이 4개일 때 총수입은 400원이므로 생산량을 3개에서 4개로 1개 더 늘릴 때 한계 수입은 100원이 된다.
③ 생산량이 4개일 때 총비용이 350원이고, 5개일 때 총비용이 440원이므로 생산량을 4개에서 5개로 1개 더 늘릴 때 한계 비용은 90원이다.
⑤ 생산량이 4개, 5개, 6개, 7개일 때 한계 비용은 각각 70원, 90원, 130원, 140원으로 증가하고 있다.

42 ③

① 제시문은 개인에게 의사결정을 맡길 때 나타나는 문제점을 지적하고 있다.
② 제시문에서는 개인의 합리적 판단이 비합리적인 결과를 초래하는 경우가 있다고 말하고 있다. 구성의 모순은 일반적으로 항상 나타나는 것이 아니라 나타나는 경우가 있는 것이다. 따라서 구성의 모순이 간혹 나타난다고 해서 계획 경제가 더 바람직하다고 주장할 수는 없다.
④ 시장의 자유를 최대화해도 구성의 모순이 나타나는 경우에는 비효율적으로 된다.
⑤ 제시된 사례들은 개인의 합리적 판단이 사회 전체에 비합리적인 결과를 초래할 수 있으므로 정부가 시장에 개입해야 한다는 주장을 뒷받침해준다.

43 ②

총량지표는 전체적인 크기나 양을 나타내 주는 지표이고, 비율은 상대적인 크기를 나타내 주는 지표이다. 총량지표의 예로는 국내총생산(GDP), 국민총생산(GNP) 등을 들 수 있고, 비율의 예로는 실업률, 저축률 등을 들 수 있다. 국내총생산은 일정 기간 동안 한 나라 안에서 새로이 생산된 부가가치 또는 최종 생산물의 시장가치의 합을 나타낸 것이고, 실업률은 경제활동인구 중에서 실업자가 차지하는 비율을 나타낸 것이다.

44 ④
㉠ 아파트 값의 상승은 물가 상승을 부추길 것이므로 경기가 침체된다고 볼 수 없다.
㉢ 열심히 일해도 부동산을 소유한 사람의 자산 가치의 증가를 따라갈 수 없게 된다면 근로 의욕이 떨어지게 될 것이다.

45 ⑤
⑤ 소비의 사회적 가치가 사적 효용가치를 하회할 경우 PMB>SMB로 소비에 있어 외부불경제가 발생할 때이다. 사회적으로 바람직한 수준보다 과대 생산되는 경향이 있다.

46 ⑤
⑤ 한 나라의 비교우위는 생산 요소의 부존량, 기술 수준, 지리적 조건 등 다양한 요인에 의하여 결정되는데, 최근의 정보화 시대에는 창의적 지식과 기술, 정보 등이 비교우위를 결정하는 중요한 요소가 되고 있다.

47 ②
① 보통 예금은 언제든지 찾을 수 있는 예금이므로 유동성이 매우 높은 금융 상품이다. 이에 반해 정기 예금은 원칙적으로 만기일이 되기 전에는 찾을 수 없어 상대적으로 유동성이 낮은 금융 상품이다.
③ B는 수익이 고정되어 있으나 C는 배당금, 매매 차익 등의 수익이 불확실한 금융 상품이다.
④ C는 높은 위험을 가진 상품이며, D는 정부가 부도나지 않는 한 원리금이 지급되므로 안전성이 매우 높은 상품이다.
⑤ 격언에 따르면 여러 가지 상품에 고르게 투자하는 것이 적절한 선택이다.

48 ③
① 최저생활 보호의 원리에 대한 설명이다.
② 생존권 보장의 원리에 대한 설명이다.
④ 자립 조성의 원리에 대한 설명이다.
※ 공공부조의 원리 및 원칙
　㉠ 공공부조의 6대 원리
　　• 생존권 보장의 원리 : 국민은 생활이 어렵게 되었을 때 자신의 생존을 보장 받을 수 있는 권리가 법적으로 인정된다.
　　• 국가책임의 원리 : 빈곤하고 생활 능력이 없는 국민에 대해서는 궁극적으로 국가가 책임지고 보호한다.
　　• 최저생활 보호의 원리 : 단순한 생계만이 아니라 건강하고 문화적인 수준을 유지할 수 있는 최저한도의 생활이 보장되어야 한다.
　　• 무차별 평등의 원리 : 사회적 신분에 차별 없이 평등하게 보호받을 수 있어야 한다.
　　• 자립 조성의 원리 : 자립적이고 독립적으로 사회생활에 적응해 나갈 수 있도록 돕는다.
　　• 보충성의 원리 : 수급자가 최저한도의 생활을 유지할 수 없는 경우에 최종적으로 그 부족분을 보충한다.
　㉡ 공공부조의 6대 원칙
　　• 신청보호의 원칙 : 우선적으로 국가에게 보호신청을 한 후 직권보호를 받는다.
　　• 기준과 정도의 원칙 : 대상자의 연령, 세대구성, 소득관계 및 자산 조사를 통해 부족분만을 보충한다.
　　• 필요즉응의 원칙 : 무차별 원리에 대한 보완적 성격으로 보호 신청이 있을 시 즉시 보호 여부를 결정해야 한다.
　　• 세대단위의 원칙 : 공공부조는 세대를 단위로 하여 그 서비스의 필요여부 및 정도를 결정한다.
　　• 현금부조의 원칙 : 수급권자의 낙인감과 불신을 최소화하기 위해 금전 급여를 원칙으로 한다.
　　• 거택보호의 원칙 : 수급권자가 거주하는 자택에서 공공부조가 제공된다.

49 ④
국민건강보험법 제62조 … 요양급여비용을 심사하고 요양급여의 적정성을 평가하기 위하여 건강보험심사평가원을 설립한다.

50 ④
④ 민간보험의 보험료 부과방식에 대한 설명이다. 사회보험은 소득수준에 따른 차등부과방식이다.

제3회 정답 및 해설

✎ 직업기초능력평가

1 ②

(가) 두 명 이상의 이름을 나열할 경우에는 맨 마지막 이름 뒤에 호칭을 붙인다는 원칙에 따라 '최한국, 조대한, 강민국 사장을 등 재계 주요 인사들은 모두 ~'로 수정해야 한다. (X)

(나) 외국인의 이름은 현지발음을 외래어 표기법에 맞게 한글로 적고 성과 이름 사이를 띄어 쓴다는 원칙에 따라 '버락 오바마 미국 대통령의 임기는 ~'으로 수정해야 한다. (X)

(다) 중국 지명이므로 현지음을 한글로 외래어 표기법에 맞게 쓰고 괄호 안에 한자를 써야한다는 원칙에 따라, '절강성(浙江省) 온주(溫州)'로 수정해야 한다. (X)

(라) 국제기구나 외국 단체의 경우 처음에는 한글 명칭과 괄호 안에 영문 약어 표기를 쓴 다음 두 번째부터는 영문 약어만 표기한다는 원칙에 따른 올바른 표기이다. (O)

2 ④

'가을 전도' 현상은 가을의 차가운 대기로 인해 표층수의 온도가 물의 최대 밀도가 되는 4℃에 가깝게 하강하면 아래쪽으로 가라앉으면서 상대적으로 밀도가 낮은 아래쪽의 물이 위쪽으로 올라오게 되는 현상을 말한다.

3 ②

A가 잠을 자지 않아 결국 공부를 포기했으며, 그러한 상태가 지속될 경우 일어날 수 있는 부정적인 결과를 나열함으로써 잠이 우리에게 꼭 필요한 것임을 강조하고 있다.

4 ②

효과적인 수면의 중요성을 말하기 위하여, 역사상 잠을 안 잔 것으로 유명한 나폴레옹이나 에디슨도 진짜로 잠을 안 잔 것이 아니라, 효과적으로 수면을 취했음을 예로 제시하고 있다. 나폴레옹은 말안장 위에서도 잤고, 에디슨은 친구와 말을 하면서도 잠을 잤다는 내용이다.

5 ④

'뻑뻑하고', '박탈', '중죄인' 등은 낱말의 뜻을 알아야 하는 것이기 때문에 사전(辭典)을 이용해야 한다. 반면에 '워털루 전투'는 역사적인 사건이기 때문에 역사 사전과 같은 사전(事典)을 활용하여 구체적인 정보를 얻는 것이 알맞다.

6 ③

고객이 원하는 3기가 이상의 인터넷과 1회 컬러링이 부가된 것은 55요금제이다.

7 ③

55요금제는 매월 3기가의 인터넷과 120분의 통화, 1회의 컬러링이 무료로 사용할 수 있다.

8 ②

전기차의 시장침투가 제약을 받게 되는 원인이 빈칸에 들어갈 가장 적절한 말이 될 것이며, 이것은 전후의 맥락으로 보아 기존의 내연기관차와의 비교를 통하여 파악되어야 할 것이다. 따라서 '단순히 전기차가 주관적으로 불편하다는 이유가 아닌 기존 내연기관차에 비해 더 불편한 점이 있을 경우'에 해당하는 말이 위치해야 한다.

9 ②

실제 전투능력을 정리하면 경찰(3), 헌터(4), 의사(2), 사무라이(8), 폭파전문가(2)이다.
이를 토대로 탈출 통로의 좀비수와 처치 가능 좀비수를 계산해 보면

㉠ 동쪽 통로 11마리 좀비 : 폭파전문가(2), 사무라이(8) → 10마리의 좀비를 처치 가능

㉡ 서쪽 통로 7마리 좀비 : 헌터(4), 경찰(3) → 7마리의 좀비 모두 처치 가능

㉢ 남쪽 통로 11마리 좀비 : 헌터(4), 폭파전문가(2) → 6마리의 좀비 처치 가능

㉣ 북쪽 통로 9마리 좀비 : 경찰(3), 의사(2)-전투력 강화제(1) → 6마리의 좀비 처치 가능

㉤ 남쪽 통로 11마리 좀비 : 사무라이(8), 폭파전문가(2) → 10마리의 좀비 처치 가능

1	2	3	4	5	6	7	8	9
○	○	○	○	○	○	○	×	○
범인	시민	시민	범인	시민	범인	시민	시민	시민

10 ①

① 근묵자흑(近墨者黑) : 먹을 가까이하면 검어진다는 뜻으로, 나쁜 사람을 가까이하면 물들기 쉬움을 이르는 말이다.

② 단금지교(斷金之交) : 단금지계(斷金之契)와 같은 것으로, 학문은 중도에 그만둠이 없이 꾸준히 계속해야 한다는 뜻이다.

③ 망운지정(望雲之情) : 멀리 구름을 바라보며 어버이를 생각한다는 뜻으로 어버이를 그리워하는 마음을 이르는 말이다.

④ 상분지도(嘗糞之徒) : 남에게 아첨하여 어떤 부끄러운 짓도 마다하지 않는 사람을 이르는 말이다.

11 ①

조건에 따르면 영업과 사무 분야의 일은 A가 하는 것이 아니고, 관리는 B가 하는 것이 아니므로 'A – 관리, B – 사무, C – 영업, D – 전산, E – 홍보'의 일을 하게 된다.

12 ③

㉠ "옆에 범인이 있다."고 진술한 경우를 ○, "옆에 범인이 없다."고 진술한 경우를 ×라고 하면

1	2	3	4	5	6	7	8	9
○	×	×	○	×	○	○	○	×
							시민	

• 9번이 범인이라고 가정하면

9번은 "옆에 범인이 없다.'고 진술하였으므로 8번과 1번 중에 범인이 있어야 한다. 그러나 8번이 시민이므로 1번이 범인이 된다. 1번은 "옆에 범인이 있다."라고 진술하였으므로 2번과 9번에 범인이 없어야 한다. 그러나 9번이 범인이므로 모순이 되어 9번은 범인일 수 없다.

• 9번이 시민이라고 가정하면

9번은 "옆에 범인이 없다."라고 진술하였으므로 1번도 시민이 된다. 1번은 "옆에 범인이 있다."라고 진술하였으므로 2번은 범인이 된다. 2번은 "옆에 범인이 없다."라고 진술하였으므로 3번도 범인이 된다. 8번은 시민인데 "옆에 범인이 있다."라고 진술하였으므로 9번은 시민이므로 7번은 범인이 된다. 그러므로 범인은 2, 3, 7번이고 나머지는 모두 시민이 된다.

㉡ 모두가 "옆에 범인이 있다."라고 진술하면 시민 2명, 범인 1명의 순으로 반복해서 배치되므로 옳은 설명이다.

㉢ 다음과 같은 경우가 있으므로 틀린 설명이다.

13 ③

갑과 을의 전기요금을 다음과 같이 계산할 수 있다.

〈갑〉

기본요금 : 1,800원

전력량 요금 : $(200 \times 90) + (100 \times 180) = 18,000 + 18,000 = 36,000$원

200kWh를 초과하였으므로 필수사용량 보장공제 해당 없음

전기요금 : $1,800 + 36,000 = 37,800$원

〈을〉

기본요금 : 1,260원

전력량 요금 : $(200 \times 72) + (100 \times 153) = 14,400 + 15,300 = 29,700$원

200kWh를 초과하였으므로 필수사용량 보장공제 해당 없음

전기요금 : $1,260 + 29,700 = 30,960$원

따라서 갑과 을의 전기요금 합산 금액은 $37,800 + 30,960 = 68,760$원이 된다.

14 ②

② 동계와 하계에 1,000kWh가 넘는 전력을 사용하면 슈퍼유저에 해당되어 적용되는 1,000kWh 초과 전력량 요금 단가가 2배 이상으로 증가하게 되나, 기본요금에는 해당되지 않는다.

① 기본요금과 전력량 요금 모두 고압 요금이 저압 요금보다 저렴한 기준이 적용된다.

③ 기본요금 900원과 전력량 요금 270원을 합하여 1,170원이 되며, 필수사용량 보장공제 적용 후에도 최저요금인 1,000원이 발생하게 된다.

④ 7~8월, 12~2월로 하계와 동계 5개월에 해당된다.

15 ③

① 19일 수요일 오후 1시 울릉도 도착, 20일 목요일 독도 방문, 22일 토요일은 복귀하는 날인데 종아는 매주 금요일에 술을 마시므로 멀미로 인해 선박을 이용하지 못한다. 또한 금요일 오후 6시 호박엿 만들기 체험도 해야 한다.

② 20일 목요일 오후 1시 울릉도 도착, 독도는 화요일과 목요일만 출발하므로 불가능

③ 23일 일요일 오후 1시 울릉도 도착, 24일 월요일 호박엿 만들기 체험, 25일 화요일 독도 방문, 26일 수요일 포항 도착

④ 25일 화요일 오후 1시 울릉도 도착, 27일 목요일 독도 방문, 28일 금요일 호박엿 만들기 체험은 오후 6시인데, 복귀하는 선박은 오후 3시 출발이라 불가능

16 ④

정보를 통해 정리해 보면 다음과 같다.

G → D → E → A → C → B → F

17 ①

금요일에는 제육덮밥이 편성된다. 목요일에는 오므라이스를 편성할 수 없고, 다섯 번째 조건에 의해 나물 비빔밥도 편성할 수 없다. 따라서 목요일에는 돈가스 정식 또는 크림 파스타가 편성되어야 한다. 마지막 조건과 두 번째 조건에 의해 돈가스 정식은 월요일, 목요일에도 편성할 수 없으므로 돈가스 정식은 화요일에 편성된다. 따라서 목요일에는 크림 파스타, 월요일에는 나물 비빔밥이 편성된다.

18 ②

갑, 을, 병의 진술과 과음을 한 직원의 수를 기준으로 표를 만들어 보면 다음과 같다.

진술자 \ 과음직원	0명	1명	2명	3명
갑	거짓	참	거짓	거짓
을	거짓	거짓	참	거짓
병	거짓	참	참	거짓

• 과음을 한 직원의 수가 0명인 경우, 갑, 을, 병 모두 거짓을 말한 것이 되어 결국 모두 과음을 한 것이 된다. 따라서 이 경우는 과음을 한 직원의 수가 0명이라는 전제와 모순이 생기게 된다.

• 과음을 한 직원의 수가 1명인 경우, 을만 거짓을 말한 것이므로 과음을 한 직원의 수가 1명이라는 전제에 부합한다. 이 경우에는 을이 과음을 한 것이 되며, 갑과 병은 과음을 하지 않은 것이 된다.

• 과음을 한 직원의 수가 2명인 경우, 갑만 거짓을 말한 것이 되므로 과음을 한 직원의 수가 1명이 된다. 따라서 이 역시 과음을 한 직원의 수가 2명이라는 전제와 모순이 생기게 된다.

• 과음을 한 직원의 수가 3명인 경우, 갑, 을, 병 모두 거짓을 말한 것이 되어 과음을 한 직원의 수가 3명이

될 것이며, 이는 전제와 부합하게 된다.

따라서 4가지의 경우 중 모순 없이 발생 가능한 경우는 과음을 한 직원의 수가 1명 또는 3명인 경우가 되는데, 이 두 경우에 모두 거짓을 말한 을은 과음을 한 직원이라고 확신할 수 있다. 그러나 이 두 경우에 모두 사실을 말한 사람은 없으므로, 과음을 하지 않은 것이 확실한 직원은 아무도 없다.

19 ④

ⓔ에 의해 B, D가 지하철을 이용함을 알 수 있다.
ⓒⓗ에 의해 E는 마케팅에 지원했음을 알 수 있다.
ⓗ에 의해 B는 회계에 지원했음을 알 수 있다.
A와 C는 버스를 이용하고, E는 택시를 이용한다.
A는 출판, B는 회계, C와 D는 생산 또는 시설관리, E는 마케팅에 지원했음을 알 수 있다.

20 ④

'안정적 자금 공급'이 자사의 강점이기 때문에 '안정적인 자금 확보를 위한 자본구조 개선'는 향후 해결해야 할 과제에 속하지 않는다.

21 ①

1, 1^3, 3, 3^3의 순서로 반복되고 있으므로 빈칸에 들어갈 숫자는 5이다.

22 ③

ⓐ 재작년 기본급은 1,800만 원이고,

ⓑ 재작년 성과급은 그 해의 기본급의 1/5이므로 $1,800 \times 1/5 = 360$만 원이다.

ⓒ 작년 기본급은 재작년보다 20%가 많은 $1,800 \times 1.2 = 2,160$만 원이고,

ⓓ 작년 성과급은 재작년보다 10%가 줄어든 $360 \times 0.9 = 324$만 원이다.

정리하면 재작년의 연봉은 $1,800 + 360 = 2,160$만 원이고, 작년의 연봉은 $2,160 + 324 = 2,484$만 원이다.

따라서 작년 연봉의 인상률은

$$\frac{2,484 - 2,160}{2,160} \times 100 = 15\%$$이다.

23 ③

乙이 가진 물의 양을 xg이라고 하면

$$500 \times \frac{8}{100} = (500 + x) \times \frac{5}{100}$$

$$\therefore x = 300(\text{g}) \text{이다.}$$

24 ④

금리가 지속적으로 하락하면 대출시 고정 금리보다 변동 금리를 선택하는 것이 유리하다.

㉠㉡ 요구불 예금의 금리와 예대 마진은 지속적으로 증가하지 않는다.

25 ①

$$x = 667.6 - (568.9 + 62.6 + 22.1) = 14.0$$

26 ④

① 2007년 : $\frac{591.4 - 575.3}{575.3} \times 100 \fallingdotseq 2.8(\%)$

② 2008년 : $\frac{605.4 - 591.4}{591.4} \times 100 \fallingdotseq 2.4(\%)$

③ 2009년 : $\frac{609.2 - 605.4}{605.4} \times 100 \fallingdotseq 0.6(\%)$

④ 2010년 : $\frac{667.8 - 609.2}{609.2} \times 100 \fallingdotseq 9.6(\%)$

27 ③

㉠ 출고가 대비 공시지원금의 비율을 계산해 보면

- $A = \frac{210,000}{858,000} \times 100 = 24.48\%$

- $B = \frac{230,000}{900,000} \times 100 = 25.56\%$

- $C = \frac{150,000}{780,000} \times 100 = 19.23\%$

- $D = \frac{190,000}{990,000} \times 100 = 19.19\%$

그러므로 '병'과 '정'은 C아니면 D가 된다.

㉡ 공시지원금을 선택하는 경우 월 납부액보다 요금할인을 선택하는 경우 월 납부액이 더 큰 스마트폰은 '갑'이다. A와 B를 비교해보면

- A

  - 공시지원금

  $$= \frac{858,000 - (210,000 \times 1.1)}{24} + 51,000 = 77,120 \text{원}$$

  - 요금할인 $= 51,000 \times 0.8 + \frac{858,000}{24} = 76,550 \text{원}$

- B

  - 공시지원금

  $$= \frac{900,000 - (230,000 \times 1.1)}{24} + 51,000 = 77,750 \text{원}$$

  - 요금할인 $= 51,000 \times 0.8 + \frac{900,000}{24} = 78,300 \text{원}$

  B가 '갑'이 된다.

㉢ 공시지원금을 선택하는 경우 월 기기값이 가장 작은 스마트폰 기종은 '정'이다.

C와 D를 비교해 보면

- $C = \frac{780,000 - (150,000 \times 1.1)}{24} = 25,620 \text{원}$

- $D = \frac{990,000 - (190,000 \times 1.1)}{24} = 32,540 \text{원}$

C가 '정'이 된다.

그러므로 A=을, B=갑, C=정, D=병이 된다.

28 ③

③ 3등급 판정을 받은 한우의 비율은 2019년이 가장 낮지만, 비율을 통해 한우등급 판정두수를 계산해 보면 2015년의 두수가 $602,016 \times 0.11 =$ 약 $66,222$두로, 2019년의 $839,161 \times 0.088 =$ 약 $73,846$두보다 더 적음을 알 수 있다.

① 1++ 등급으로 판정된 한우의 수는 2015년이 $602,016 \times 0.097 =$ 약 $58,396$두이며, 2016년이 $718,256 \times 0.092 =$ 약 $66,080$두이다.

② 1등급 이상이 60%를 넘은 해는 2015, 2016, 2018, 2019년으로 4개년이다.

④ 2016년에서 2017년으로 넘어가면서 1++등급은 0.1%p 비율이 더 많아졌으며, 3등급의 비율도 2.5%p 더 많아졌다.

29 ①

㉠ 1번째 종목과 2번째 종목의 승점이 각각 10점, 20점이라면 8번째 종목까지의 승점은 다음과 같다.

종목	1	2	3	4	5	6	7	8
승점	10	20	40	80	160	320	640	1,280

㉡ 1번째 종목과 2번째 종목의 승점이 각각 100점, 200점이라면 8번째 종목의 승점은 다음과 같다

종목	1	2	3	4	5	6	7	8
승점	100	200	310	620	1,240	2,480	4,960	9,920

㉢ ㉠㉡을 참고하면 1번째 종목과 2번째 종목의 승점에 상관없이 8번째 종목의 승점은 6번째 종목 승점의 네 배이다.

ⓔ 만약 3번째 종목부터 각 종목 우승 시 받는 승점이 그 이전 종목들의 승점을 모두 합한 점수보다 10점 더 적도록 구성한다면, 8번째 종목까지의 승점은 다음과 같다.

종목	1	2	3	4	5	6	7	8
승점	10	20	20	40	80	160	320	640

종목	1	2	3	4	5	6	7	8
승점	100	200	290	580	1,160	2,320	4,640	9,280

30 ④

ⓐ $a = b = c = d = 25$라면, 1시간당 수송해야 하는 관객의 수는 $40,000 \times 0.25 = 10,000$명이다. 버스는 한 번에 대당 최대 40명의 관객을 수송하고 1시간에 10번 수송 가능하므로, 1시간 동안 1대의 버스가 수송할 수 있는 관객의 수는 400명이다. 따라서 10,000명의 관객을 수송하기 위해서는 최소 25대의 버스가 필요하다.

ⓑ $d = 40$이라면, 공연 시작 1시간 전에 기차역에 도착하는 관객의 수는 16,000명이다. 16,000명을 1시간 동안 모두 수송하기 위해서는 최소 40대의 버스가 필요하다.

ⓒ 공연이 끝난 후 2시간 이내에 전체 관객을 공연장에서 기차역까지 수송하려면 시간당 20,000명의 관객을 수송해야 한다. 따라서 회사에게 필요한 버스는 최소 50대이다.

31 ③

③ 준법감시인과 경제연구소는 은행장 소속으로 되어 있다.

32 ④

① 조직의 사명은 조직의 비전, 가치와 신념, 조직의 존재이유 등을 공식적인 목표로 표현한 것이다. 반면에, 세부목표 혹은 운영목표는 조직이 실제적인 활동을 통해 달성하고자 하는 것으로 사명에 비해 측정 가능한 형태로 기술되는 단기적인 목표이다.

② 조직목표는 한번 수립되면 달성될 때까지 지속되는 것이 아니라 환경이나 조직 내의 다양한 원인들에 의해 변동되거나 없어지고 새로운 목표로 대치되기도 한다.

③ 조직구성원들은 자신의 업무를 성실하게 수행한다고 하더라도 전체 조직목표에 부합되지 않으면 조직목표가 달성될 수 없으므로 조직목표를 이해하고 있어야 한다.

④ 조직은 다수의 조직목표를 추구할 수 있다. 이러한 조직목표들은 위계적 상호관계가 있어서 서로 상하관계에 있으면서 영향을 주고받는다.

33 ④

그림과 같은 조직 구조는 하나의 의사결정권자의 지시와 부서별 업무 분화가 명확해, 전문성은 높아지고 유연성 및 유기성은 떨어지는 조직 구조라고 볼 수 있다. 또한 의사결정권자가 한 명으로 집중되면서 내부 효율성이 확보된다.

① 조직의 유기적인 협조체제가 구축된 구조는 아니다.

② 의사결정 권한이 집중된 조직 구조이다.

③ 유사한 업무를 통한 내부 경쟁을 유발할 수 있는 구조는 사업별 조직구조이다.

34 ③

우수한 인재를 채용하고자 하는 등의 기본 방침을 설정하는 일은 조직 경영자로서의 역할이라 할 수 있으나, 그에 따른 구체적인 채용 기준을 마련하는 일은 해당 산하 조직의 역할이라고 보아야 한다.

35 ①

7S모형은 조직의 현상을 이해하기 위해 조직의 핵심적 구성요소를 파악한 것으로, 이를 중심으로 조직을 진단하는 것은 조직의 문제해결을 위한 유용한 접근방법이다.

조직진단 7S 모형은 조직의 핵심적 역량요소를 공유가치(shared value), 전략(strategy), 조직구조(structure), 제도(system), 구성원(staff), 관리기술(skill), 리더십 스타일(style) 등 영문자 'S'로 시작하는 단어 7개로 구성하고 있다.

36 ④

지원부문뿐만 아니라 4개의 본부와 그 소속 부서들이 모두 부사장 직속으로 구성되어 있다. 따라서 옳게 수정하면 4개 본부, 1개 부문, 4개 실, 16개 처, 1개 센터와 1개 지원단으로 구성되어 있다.

37 ④

ⓐⓑⓒ은 모두 조직개편사항에 맞게 나타난 것으로 지적할 필요가 없다. 중소기업지원단은 기술지원부문에 신설된 것이므로 조직도를 수정해야 한다.

38 ④

송상현 사원의 1/4분기 복지 지원 사유는 장모상이었다. 이는 본인/가족의 경조사에 포함되므로 경조사 지원에 포함되어야 한다.

39 ①

작년 4/4분기 지원 내역을 보더라도 직위와 관계없이 같은 사유의 경조사 지원금은 동일한 금액으로 지원되었음을 알 수 있으므로 이는 변경된 복지 제도 내용으로 옳지 않다.

40 ④

④ 사업부문은 신용사업부문으로 명칭이 변경되어야 한다.

41 ④

항공기 식별코드의 앞부분은 (현재상태부호)(특수임무부호)(기본임무부호)(항공기종류부호)로 구성된다.

ⓐ K는 (현재상태부호)와 (항공기종류부호)에 해당하지 않으므로 (특수임무부호)와 (기본임무부호)인데, 특수임무는 항공기가 개량을 거쳐 기본임무와 다른 임무를 수행할 때 붙이는 부호이므로 같은 기본임무와 같은 임무를 수행할 때에는 붙이지 않는다.

ⓑ G(현재상태부호) → 영구보존처리된 항공기 B(특수임무부호) → 폭격기 C(기본임무부호) → 수송기 V(항공기종류부호) → 수직단거리이착륙기

ⓒ C(특수임무부호) → 수송기 A(기본임무부호) → 지상공격기 H(항공기종류부호) → 헬리콥터

ⓓ R은 (기본임무부호)이거나 개량으로 인하여 더 이상 기본임무를 수행하지 못하게 된 경우의 (특수임무부호)이다.

42 ③

현재 정상적으로 사용 중이므로 (현재상태부호)가 붙지 않으며, 일반 비행기이므로 (항공기종류부호)도 붙지 않는다. 따라서 식별코드 앞부분에는 (기본임무부호)에 특수임무를 수행한다면 (특수임무부호)가 붙고, 뒷부분에는 1~100번 사이의 (설계번호)와 (개량형부호) A가 붙는다.

43 ①

엑셀 통합 문서 내에서 다음 워크시트로 이동하려면 〈Ctrl〉+〈Page Down〉을 눌러야 하며, 이전 워크시트로 이동하려면 〈Ctrl〉+〈Page Up〉을 눌러야 한다.

44 ②

DSUM(데이터베이스, 필드, 조건 범위) 함수는 조건에 부합하는 데이터를 합하는 수식이다. 데이터베이스는 전체 범위를 설정하며, 필드는 보험실적 합계를 구하는 것이므로 "보험실적"으로 입력하거나 열 번호 4를 써야 한다. 조건 범위는 영업2부에 한정하므로 F1:F2를 써준다.

45 ③

A=1, S=1

A=2, S=1+2

A=3, S=1+2+3

...

A=10, S=1+2+3+…+10

∴ 출력되는 S의 값은 55이다.

46 ②

ROUND(number, num_digits)는 반올림하는 함수이며, ROUNDUP은 올림, ROUNDDOWN은 내림하는 함수이다. ROUND(number, num_digits)에서 number는 반올림하려는 숫자를 나타내며, num_digits는 반올림할 때 자릿수를 지정한다. 이 값이 0이면 소수점 첫째자리에서 반올림하고 −1이면 일의자리 수에서 반올림한다. 따라서 주어진 문제는 소수점 첫째자리에서 반올림하는 것이므로 ②가 답이 된다.

47 ④

VLOOKUP은 범위의 첫 열에서 찾을 값에 해당하는 데이터를 찾은 후 찾을 값이 있는 행에서 열 번호 위치에 해당하는 데이터를 구하는 함수이다. 단가를 찾아 연결하기 위해서는 열에 대하여 '항목'을 찾아 단가를 구하게 되므로 VLOOKUP 함수를 사용해야 한다.

찾을 방법은 TRUE(1) 또는 생략할 경우, 찾을 값의 아래로 근삿값, FALSE(0)이면 정확한 값을 표시한다. VLOOKUP(B2,$A$8:$B$10,2,0)은 'A8:B10' 영역의 첫 열에서 '식비'에 해당하는 데이터를 찾아 2열에 있는 단가 값인 6,500을 선택하게 된다.

따라서 '=C2*VLOOKUP(B2,$A$8:$B$10,2,0)'은 10 × 6,500이 되어 결과값은 65,000이 되며, 이를 드래그하면, 각각 129,000, 42,000, 52,000의 사용금액을 결과값으로 나타내게 된다.

48 ④

'$'는 다음에 오는 셀 기호를 고정값으로 묶어 두는 기능을 하게 된다.
(A) : A6 셀을 복사하여 C6 셀에 붙게 되면, 'A'셀이 고정값으로 묶여 있어 (A)에는 A6 셀과 같은 '$A$1+$A2'의 값 10이 입력된다.
(B) : (B)에는 '$'로 묶여 있지 않은 2행의 값 대신에 4행의 값이 대응될 것이다. 따라서 '$A$1+$A4'의 값인 9가 입력된다.
따라서 (A)와 (B)의 합은 10+9=19가 된다

49 ③

㈏ '인쇄 미리 보기' 창에서 열 너비를 조정한 경우 미리 보기를 해제하면 워크시트에 조정된 너비가 적용되어 나타난다. (X)
㈐ 워크시트에서 그림을 인쇄 배경으로 사용하려면 '삽입' – '머리글/바닥글' – 디자인 탭이 생성되면 '머리글/바닥글 요소' 그룹의 '그림' 아이콘 – 시트배경 대화 상자에서 그림을 선택하고 '삽입'의 과정을 거쳐야 한다. (X)

50 ①

RANK 함수는 지정 범위에서 인수의 순위를 구할 때 사용하는 함수이다. 결정 방법은 수식의 맨 뒤에 0 또는 생략할 경우 내림차순, 0 이외의 값은 오름차순으로 표시하게 되며, 결과값에 해당하는 필드의 범위를 지정할 때에는 셀 번호에 '$'를 앞뒤로 붙인다.

51 ③

타인에 의한 외부적인 동기부여가 효율적이라고 생각한다.

52 ②

전문 의식이란 전문적인 기술과 지식을 갖기 위해 노력하는 자세이고, 연대 의식이란 직업에 종사하는 구성원이 상호 간에 믿음으로 서로 의존하는 의식이다.

53 ②

㉠ '긍지와 자부심을 갖고'는 소명 의식을 의미한다.
㉡ 홀랜드의 직업 흥미 유형은 실재적 유형이다.
㉢ 직업의 경제적 의의보다 개인적 의의를 중요시하고 있다.

54 ④

① 근면에 대한 내용이다.
② 책임감에 대한 내용이다.
③ 경청에 대한 내용이다.

55 ①

㈎ 개인의 소질, 능력, 성취도를 최우선으로 하여 직업을 선택하는 업적주의적 직업관이다.
㈏ 개인의 욕구 충족을 중요시하는 개인중심적 직업관이다.

56 ④

직업별 윤리에는 노사 관계에서의 근로자 및 기업가의 윤리, 공직자의 윤리, 직종별 특성에 맞는 법률, 법령, 규칙, 윤리 요강, 선언문 등의 행위 규범이 있다.

57 ③

③ 타협하거나 부정직을 눈감아 주지 말아야 한다.

58 ④

건배 시에 잔을 부딪칠 때에는 상위자의 술잔보다 높게 들지 않아야 한다. 다시 말해, 회식자리에서도 상하 구분이 존재하므로 상위자 (상사)보다는 잔을 높이 들면 안 되며, 더불어서 상위자 (상사)보다 먼저 술잔을 내려놓지 않는다.

59 ④

부당 해고나 비윤리적 일자리 축소 등의 행위는 윤리경영에 어긋난다고 볼 수 있으나 기업이 비용 절감을 위하여 조직 구조를 개편하는 노력은 정상적인 경영의 일환으로 보아야 한다.
부정 청탁, 세금 회피, 품질을 담보로 한 수익구조 유지, 임직원 간 막대한 임금 격차 등은 모두 바람직한 윤리경영 행위라고 볼 수 없다.

60 ②

Jeep류의 차종인 경우 (문이 2개)에는 운전석의 옆자리가 상석이 된다.

㉑ 항공기 정비원은 한국 표준 직업 분류 중 기능원 및 관련 기능 종사자에 해당한다.

1 ②

"악법도 법이다(소크라테스)."는 법의 강제성, 법적 안정성, 준법의식을 강조한 말이다.

2 ④

사법은 사적인 생활 관계를 규율하는 법으로 민법은 개인 간의 사적인 재산 관계와 가족 관계 등에 대하여 규정하고 있다. 재산권과 계약, 타인에게 끼친 손해에 대한 배상, 약혼과 혼인, 친족, 유언, 상속 등에 관한 사항이 민법의 주요 내용이고, 상법은 기업의 생성이나 발전, 그리고 소멸 등을 규율하는 법이다.

3 ②

제시된 헌법 조항에서 공통적으로 보장하고자 하는 기본권은 국가에 대해 인간다운 생활의 보장을 요구할 수 있는 사회권이다.

4 ①

근대 민법의 3대 원칙
㉠ 소유권 절대의 원칙(사유 재산권 존중의 원칙)
㉡ 계약 자유의 원칙(사적 자치의 원칙)
㉢ 과실 책임의 원칙(자기 책임의 원칙)
※ 근대 민법의 수정 원칙
　㉠ 소유권 공공복리의 원칙
　㉡ 계약 공정의 원칙(신의성실의 원칙)
　㉢ 무과실 책임의 원칙

5 ⑤

수정설은 헌법, 진통설은 형법에서의 출생에 대한 통설이다. 우리나라에서는 완전 노출설이 민법상 통설이며, 태아가 모체로부터 분리되기 위해 진통이 시작된 때를 출생으로 보는 진통설이 형법상 통설이다. 이렇게 민법과 형법의 출생 시점이 다른 이유는 지향하는 목표가 다르기 때문이다. 형법에서는 생명을 가장 중요하게 여기므로, 태아가 생명력을 어느 정도 갖추기 시작하는 진통 단계의 태아를 사람으로 인정하는 것이다.

6 ①

일반적으로 제1심은 지방 법원, 제2심은 고등 법원, 최종심은 대법원이 담당한다. 그러나 지방 법원이나 지방 법원 지원에서 단독 판사가 제1심을 담당했을 경우에는 제2심 법원은 고등 법원이 아니라 지방 법원 본원 합의부가 된다.
㉡ 특허 사건은 법원이 아닌, 특허청의 특허 심판원의 심판을 거쳐 특허 법원에 올라온다. 따라서 특허 법원은 고등 법원과 동격이지만, 법원의 심급 제도라는 관점에서 보면 특허 사건의 제1심을 담당하는 기관이며 대법원에서 제2심이자 최종심이 열린다.
㉣ 행정 법원은 지방 법원급의 특수 법원으로 제1심을 담당한다.

7 ③

③ 제2심 판결에 불복하여 최종심 재판을 청구하는 것은 상고이다.
① 항고 : 제1심 법원의 결정이나 명령에 불복하여 제2심 법원에 이의를 제기하는 것
② 항소 : 제1심 판결에 불복하여 제2심 재판을 청구하는 것
④ 상소 : 항고, 항소, 상고, 재항고 등의 통칭
⑤ 재항고 : 제2심 법원의 결정이나 명령에 불복하여 대법원에 이의를 제기하는 것

8 ④

④ 언론의 잘못된 보도로 인한 사생활의 자유와 명예권이라는 인격권이 침해된 것이다. 권리를 침해한 주체가 민영 방송사이므로 국가에 의한 침해라고 보기 어렵다.

9 ③

㉠ 구조 조정 시 합리적 이유 없이 단지 성별의 이유만으로 남성이나 여성을 우선 정리하는 것은 성차별에 해당한다.
㉣ 남녀의 성별과 관계없이 성과가 좋은 사람에게 더 높은 성과급을 지급하는 것이 배분적 정의에 부합한다.

10 ①

제시문은 사법권 독립을 위한 헌법 조항들이다. 사법권의 독립을 추구하는 목적은 재판의 공정성 확보에 있지만, 궁극적으로는 국민의 기본권을 보호하기 위한 것이다.

11 ⑤

ㄱ. ㈎, ㈏ 모두 공공복리 등을 이유로 법률에 의해 제한 될 수 있다.

ㄴ. ㈎는 노동조합이 자신의 주장을 관철할 목적으로 행하 는 근로자 측의 쟁의행위이고, ㈏는 노동조합의 ㈎와 같은 행위에 대해 대항하기 위해 업무의 정상적인 운 영을 저해하는 사업자 측의 쟁의행위이다.

12 ④

환경오염으로 인한 피해를 입어 사법(司法) 제도를 통하 여 이를 해결하고자 할 때에 환경 피해의 인과 관계 규 명이 까다롭고 많은 비용과 시간이 소요되어 어려움이 많다. 이와 같은 환경 피해 분쟁 해결을 위한 국민 부담 과 불편을 해소하기 위하여 환경부 소속의 준사법적 행 정기관으로서 환경 분쟁 조정위원회가 마련되어 피해 사 실 입증 등을 대신하여 줌으로써 국민의 건강상·재산상 피해를 보호하고 있다.

13 ⑤

제시된 내용은 교육의 중립성이 의미하는 바를 여러 관 점에서 진술한 것이다. 우리나라 헌법 제31조는 교육의 자주성, 전문성, 중립성 및 대학의 자율성 보장을 명시하 고 있다. 이 중 교육의 중립성은 외부로부터의 정치적 영 향력을 배제하려는 의도를 담고 있다.

14 ④

④ 정책효과는 정책목표 달성의 결과를 나타내는 상태의 변화이다.

※ 정책

　㉠ 개념 : 바람직한 사회 상태를 이룩하려는 정책목표 와 이를 달성하기 위해 필요한 정책수단에 대하여 권위 있는 정부기관이 공식적으로 결정한 기본방 침이다.

　㉡ 구성요소

　　• 정책목표 : 정책을 통하여 달성하고자 하는 바람직 한 사회상태

　　• 정책수단 : 정책목표 달성을 위해 정부가 동원하는 실질적 수단으로서의 규제·유인·자원투입과 보 조적 수단으로서 집행기관·집행자금·공권력 등

　　• 정책대상집단 : 정책을 통하여 혜택을 받는 수혜집 단과 비용을 부담하는 희생집단

　　• 정책환경과 정책결정자

15 ②

공식조직과 비공식조직

공식조직	비공식조직(자생집단)
• 인위적·계획적 형성	• 자연발생적 형성
• 이성과 능률의 논리에 입각	• 감정과 대인관계의 논리에 입각
• 전체적 질서	• 부분적 질서
• 외면적 존재	• 내면적 존재
• 규범의 성문화	• 규범의 불문화

16 ②

② 관료제의 역기능은 변동·변화에 대한 저항이다.

17 ④

집중화(중간점수대에 집중시키는 경향), 관대화(점수를 후하게 주는 경향), 엄격화(점수를 박하게 주는 경향), Halo effect(일반적인 인상으로 평가하는 경향), 선입견 에 의한 평가 등은 모두가 평가자의 평가상 오류를 발생 시키는 계기가 된다. 그러나 객관화는 바람직한 평가로 봐야 한다.

18 ④

④ 축소부서를 미리 정해놓고 감축을 하면 감축관리의 효율성은 늘지만 기득권 피해가 커진다.

19 ①

① 지역이기주의에 따른 집단 간의 대립이 유발된다.

20 ③

제시문은 가외성에 대한 설명이다.

21 ③

② 통합예산의 개념을 다르게 설명하고 있다.

④ 비금융 공기업 및 각종 기금은 통합예산에 포함된다.

⑤ 자본예산제도에 대한 설명이다.

※ **통합예산** … 전체 예산이 국민경제에 미치는 영향을 체계적으로 파악하는 것을 목적으로 한다. 1979년 IMF의 권고에 따라 일부 도입되기 시작하였다.

22 ⑤

신관리주의 … 인사·예산 등 내부통제의 완화를 통해 일선관료에게 재량권과 책임을 부여하여 성과 향상을 꾀하자는 것으로 경영의 부분을 도입한 것이다. 가장 좁은 의미의 신공공관리론이다.

23 ②

매트릭스(Matrix)조직(복합조직, 행렬조직) … 전통적인 관료제에 Project Team을 혼합함으로써 수직적 구조와 수평적 구조가 혼합형성된 임시적·동태적 조직을 말한다. 조직구성원은 기능구조와 사업구조에 중첩적으로 속하게 되어 다원적인 지휘·명령체계에서 중첩적인 지휘와 명령을 받게 된다.

ㄱ 장점
- 한시적 사업에 신속하게 대처할 수 있고 각 기능별 전문안목을 넓히고 쇄신을 촉진한다.
- 조직구성원들 간의 협동적 작업을 통해 조정과 통합의 문제를 해결한다.
- 자발적 협력관계와 비공식적 의사전달체계의 결합으로 융통성과 창의성을 발휘할 수 있다.
- 인적 자원의 경제적 활용을 도모한다.
- 조직단위간 정보흐름의 활성화를 기할 수 있다.

ㄴ 단점
- 책임과 권한한계의 불명확성문제가 제기된다.
- 권력투쟁과 갈등이 발생할 수 있고 조정이 어렵고 결정이 지연된다.
- 객관성 및 예측가능성의 확보가 곤란하므로, 조직상황이 유동적이고 복잡한 경우에만 효과적이다.

24 ⑤

⑤ 연성행정조직은 환경에 대한 대응성을 강조한 것으로 조직과 환경간·부서간의 높고 경직된 경계를 타파하고, 직업상 유동성을 전제하여 부서간 고정된 기능보다는 일의 흐름을 중시하여 폐쇄적 칸막이 구조를 극복하고 의사전달의 공개를 강조한다. 따라서 분업시스템을 강조하지는 않는다.

25 ①

행태론적 접근방법 … 이념·제도·구조가 아닌 인간적 요인에 초점을 두는, 인간행태의 과학적·체계적 연구방법을 말한다. H.A. Simon의 「행정행태론」이 대표적이며 다양한 인간행태를 객관적으로 수집하고 경험적 검증을 거친 후 인간행태의 규칙성을 규명하고 이에 따라 종합적인 관리를 추구한다.

26 ①

① 광역행정은 규모의 경제에 유리하다. 즉, 막대한 투자 재원을 필요로 하는 시설을 각 자치단체별로 설치·운영하는 것보다 몇 개의 자치단체가 합동으로 설치·운영하면 규모의 경제를 누릴 수 있다.

⑤ 우리나라의 광역행정방식은 행정협의회·지방자치단체조합·사무위탁·특별구역·특별행정기관·구역변경 등이 있다. 이들 중 「지방자치법」에는 지방자치단체조합·행정협의회 방식을 규정하고 있는데 가장 일반적인 방식은 행정협의회 구성이다.

※ 광역행정의 장·단점

장점	단점
• 국가와 지방자치단체의 협력관계를 통한 행정사무의 재배분 가능	• 지방자치제 발전의 저해요인으로 작용
• 주민의 사회·경제적 생활권과 행정권의 일치 가능	• 자치단체의 민주성 저해로 주민참여와 공동체의식의 약화를 초래
• 국가적 차원에서 지방조직을 재편성하여 행정을 능률적으로 운영	• 재정적 책임부담과 이익형성간의 불일치 발생
• 지역개발 촉진, 지역간 균형발전, 인구와 산업의 적정배치를 통한 국가의 균형발전 도모	• 각 자치지역의 특수여건 무시에 따라 비능률 현상 초래
• 개발행정·계획행정·종합행정을 효과적으로 수행	• 위험·혐오시설의 설치시 지역상호간의 이해 충돌 우려
• 공공시설의 정비·개선을 통한 주민의 문화적 수준과 복지 증진	• 관치행정이 만연될 우려가 있고, 말단 행정에 대한 침투가 곤란

27 ②

ㄱㄹㅁ 외에도 인적구성의 다국적성, 기업소유권의 다국적성 등이 있다.

28 ④

비공식 조직의 구성원들은 감정적 관계 및 개인적 접촉이다.

29 ①

1단계는 생리적 욕구로서 인간이 기본적으로 바라는 욕구로 가장 저차원단계의 욕구이다.

30 ②

내용 구성이 복잡한 관계로 검증자체가 어렵다.

31 ⑤

일정한 목적을 효과적으로 달성하기 위한 몇 가지 대체안 중에서 가장 유리하고 실행 가능한 최적의 대안을 선택하는 인간행동을 의사결정이라고 한다.

32 ②

델파이법은 생산예측의 방법 중에서 정성적 방법에 해당한다.

33 ④

침투가격전략은 이익의 수준이 낮으므로 타사의 진입을 어렵게 하는 요소로 작용한다.

34 ①

TQC(Total Quality Control) … 전사원이 QC(품질관리)를 이해하고 조직적으로 제품의 질을 높이려고 노력하는 것을 말한다.

35 ④

고용보험은 인간의 실업을 예방하고 나아가 고용의 촉진 및 종업원들의 직업능력의 개발 및 향상을 도모하는 역할을 수행한다.

36 ①

기업공개는 주주들로부터 직접금융방식에 의해 대규모의 장기자본을 용이하게 조달할 수 있다는 특징이 있다.

37 ⑤

코스닥 시장은 우량종목 발굴에 대한 증권사의 선별기능이 중시되는 시장이라 할 수 있다.

38 ①

(다)는 (가)와 (나)로부터 조세를 징수하므로 정부에 해당한다. 정부는 가계와 기업으로부터 세금을 걷어 민간에서 필요로 하는 공공재나 공공 서비스를 생산, 공급하며 민간 경제 활동을 조정, 규제한다. 따라서 ㉠은 공공재, 혹은 공공 서비스이다.

② (가)는 재화와 서비스를 (나)에게 공급하므로 기업에 해당한다.

③ 기업은 이윤 극대화를 추구한다.

④ (나)는 생산 요소를 (가)에 제공하고 (가)로부터 재화와 서비스를 구입하므로 가계에 해당한다.

⑤ 가계는 소비를 통한 효용 극대화를 추구한다.

39 ①

② 사용 가치가 같은 물이라도 그것이 흔하냐 귀하냐에 따라 가격이 달라진다.

③ 제시된 자료에는 자원의 유용성에 대한 논의가 나타나 있지 않다.

④ 빵보다 귀금속이 더 유용해서 희소한 것이 아닌 것처럼 재화가 유용할수록 희소해지는 것은 아니다.

⑤ 세 번째 사례에만 해당하는 결론이다. 귀금속이나 물의 사례는 시대 변화와 관계가 없다.

40 ②

㉡ 항상 고가 정책이 성공을 거두는 것은 아니며, 소비자의 선택의 폭이 넓어진 상황에서는 고가 정책의 성공 가능성은 더욱 낮아진다.

㉣ 기업의 사회적 책임과 기업 윤리가 중요하기는 하지만, 기업 활동의 1차적인 목적은 이윤 추구이다. 따라서 이윤보다 공익을 추구할 수는 없다.

41 ①

① 시장 가격이 1,400원일 때 수요량과 공급량이 400개로 일치한다. 시장 가격이 1,200원이면 수요량은 600개, 공급량은 350개이므로, 초과 수요량은 250개이다.

42 ④

① 규모의 경제는 생산량이 증가하면서 상품의 단위당 생산 비용인 평균 비용이 점점 감소하는 것을 말한다.

② 기업 간의 담합으로 소비자의 선택의 힘, 즉 소비자의 영향력이 약화된다.

③ 제시문과 관련 없는 내용이다.

⑤ 기업 간의 담합으로 과소 생산이 초래될 수 있다.

43 ⑤

⑤ 최저 임금제로 인해 근로자의 임금이 인상되는 효과를 가져올 것이다.

44 ⑤

① 인플레이션이 발생하면 자국 상품의 가격이 비싸져 해외 시장에서 팔리지 않는 반면, 외국 상품은 상대적으로 값이 낮기 때문에 수입이 늘어나 국제 수지가 악화된다.

②③ 인플레이션 하에서는 금융 자산을 실물 자산으로 바꾸려 하기 때문에 소비가 증가하나, 기업들도 투기에 몰두하기 때문에 건전한 투자가 이루어지지 않아 생산이 위축된다.

④ 연금 생활자는 동일한 명목 소득을 받으므로 물가가 상승할수록 실질 소득은 감소한다.

45 ①

① 기업의 자본재 구입액은 투자에 해당하지만 토지구입액은 투자에 포함되지 않는다.

46 ③

③ 투자수지에 해당하며, 이는 자본수지를 변동시키는 활동이다.

47 ④

유동성선호설(流動性選好說) … 화폐공급량과 자산의 일부를 유동성이 가장 높은 화폐로 보유하려는 사람들의 욕구와의 관계에서 이자율이 결정된다는 이론이다.

48 ④

④ 공적연금제도는 재정조달 방식이 부과방식일 경우 현재의 노령세대는 근로세대로부터, 현재의 근로세대는 미래세대로부터 소득이 재분배되기 때문에 세대 간 재분배라고 볼 수 있다.

49 ⑤

취업촉진수당의 종류〈고용보험법 제37조 제2항〉

㉠ 조기(早期)재취업 수당

㉡ 직업능력개발 수당

㉢ 광역 구직활동비

㉣ 이주비

50 ③

㉠ 연금은 소득상실의 위험에 대한 소득보장이고, 특히 장기소득보장을 부여하는 사회보험의 일종으로 단기성은 연금제도의 특성으로 볼 수 없다.

㉣ 사회보험은 보험료의 강제적 징수와 정형화된 보험금의 지급을 그 특징으로 하기 때문에 자율성과는 거리가 있다.

서 원 각
www.goseowon.com